我国生态消费行为
影响因素研究

张博◎著

企业管理出版社

图书在版编目（CIP）数据

我国生态消费行为影响因素研究/张博著. -- 北京：企业管理出版社, 2024.12. -- ISBN 978-7-5164-3213-6

Ⅰ.F126.1

中国国家版本馆 CIP 数据核字第 2025BE2221 号

书　　名：我国生态消费行为影响因素研究
作　　者：张　博
书　　号：ISBN 978-7-5164-3213-6
策　　划：寇俊玲
责任编辑：寇俊玲
出版发行：企业管理出版社
经　　销：新华书店
地　　址：北京市海淀区紫竹院南路 17 号　　邮　　编：100048
网　　址：http://www.emph.cn　　电子信箱：1142937578@qq.com
电　　话：编辑部（010）68701408　　发行部（010）68701816
印　　刷：北京亿友数字印刷有限公司
版　　次：2025 年 1 月 第 1 版
印　　次：2025 年 1 月 第 1 次印刷
开　　本：710 毫米×1000 毫米　　1/16
印　　张：9
字　　数：140 千字
定　　价：58.00 元

版权所有　翻印必究 · 印装有误　负责调换

前 言

　　生态消费是建立在人、自然与社会和谐统一基础上的一种高层次理性消费，它是指消费水平以自然生态正常演化为限度，消费方式和内容符合生态系统的要求，有利于环境保护，有助于消费者健康的一种自觉调控、规模适度的消费模式。实践中，消费者的生态消费行为可以包括购买生态产品、愿意为生态产品支付溢价等生态购买行为，也可以包括参与环保活动、废弃物回收、节约生态资源等非购买行为。

　　目前，我国居民虽然对环境保护的重要性、责任感与紧迫感有着较强的意识，但是生态消费行为的实际参与度却比较低。大部分人更多地认为自己是环境污染的受害者，而很少置身于环境保护的执行者来看待环境问题。因此，如何促使人们的积极态度向实际的行为转变是现阶段我国亟须解决的问题。

　　国外对生态消费行为的研究起源于20世纪70年代，学者们对生态消费行为的研究主要集中在从态度到生态消费行为的主流研究范式上，旨在探讨哪些因素能够影响人们的生态态度，进而影响生态消费行为。然而，在生态消费领域，人们的态度与行为存在较大的差距。即人们对生态消费表现出积极的态度，但却不一定履行相关的行为。态度与行为的不一致不仅存在于普通的消费者中，在环保主义者身上也有体现。态度到行为的主流研究范式对生态消费的客观实际情况缺乏解释力度，不能很好地指导实践。因此，理论与现实要求我们拓宽对生态消费的研究视角与思路。

本书认为消费者态度与行为存在差距的原因在于进行生态消费行为时个体往往面临着最大化个人利益与最大化集体利益的两难抉择。环境是一种公共资源，也可以看作是公共物品。个体的不良行为对环境造成的后果，需要全社会成员共同承担。个体为环境美好付诸努力所带来的收益，也被全体成员共同分享。因此，本书从社会两难视角，将生态消费行为等同于在大规模两难情境下选择合作的问题。生态消费行为不仅仅受到个体因素的影响，同时也是个体与群体博弈的结果。本书的研究主题即从个人感知群体影响的视角探讨社会规范对生态消费意愿的影响机制。在具体的调查中，本书选取了与消费者生活联系紧密的垃圾分类行为与采用公共交通出行的行为进行研究。

本书的主体框架来自笔者博士期间的研究成果，在即将出版之际，我要感谢导师中国人民大学商学院江林教授对我的博士论文的悉心指导，感谢一路陪伴我的每一位朋友、同事、家人给予的无私帮助与支持。由于本人水平有限，书中难免有疏漏之处，恳请读者批评指正。

张　博
2024 年 7 月

目 录

第1章 绪 论

1.1 研究背景 ………………………………………………………… 1

1.2 相关概念界定与研究问题界定 ………………………………… 7

1.3 研究目的与研究意义 …………………………………………… 10

1.4 研究方法与研究思路 …………………………………………… 12

第2章 理论与文献综述

2.1 生态消费行为研究现状综述 …………………………………… 14

2.2 社会两难与生态消费行为 ……………………………………… 23

2.3 社会规范研究述评 ……………………………………………… 32

2.4 消费者有效性感知 ……………………………………………… 42

2.5 消费者公平感知 ………………………………………………… 50

2.6 自我建构 ………………………………………………………… 54

2.7 信任与生态消费行为 …………………………………………… 57

2.8 文献总结述评 …………………………………………………… 60

第3章　研究设计

3.1　研究模型与假设的提出 …………………………………… 62
3.2　问卷设计与数据收集 ………………………………………… 71
3.3　构念的测量 …………………………………………………… 72
3.4　正式问卷调查 ………………………………………………… 86

第4章　数据分析与模型检验

4.1　样本的描述性统计分析 ……………………………………… 88
4.2　信度与效度检验（验证性因子分析） ……………………… 91
4.3　结构方程模型分析 …………………………………………… 96

第5章　研究结论、管理应用与展望

5.1　研究结论与讨论 …………………………………………… 109
5.2　理论贡献与创新 …………………………………………… 114
5.3　管理应用 …………………………………………………… 117
5.4　研究局限与未来研究方向 ………………………………… 123

参考文献 …………………………………………………………… 125

第1章
绪 论

1.1 研究背景

环境恶化已经成为威胁人类健康与可持续性发展的首要问题。传统的资源耗竭型消费模式是造成环境问题的主要原因之一。促使人们由不可持续的消费方式向健康的、可持续生态消费方式转变是解决环境问题的关键。然而，转变消费方式并非易事。消费者在进行生态消费时，往往面临着最大化集体利益还是最大化个体利益的两难选择。本书试从社会两难视角解读生态消费问题，分析影响生态消费的因素，并提出相应的对策与建议。

1.1.1 实践背景

1. 消费者不可持续的生活与消费方式是造成环境恶化的重要原因之一

进入 20 世纪以来，全球变暖，极端天气频繁出现，各地自然灾害不断，地球的生态系统已经濒临失衡的边缘。根据世界自然基金会出版的《地球生命力报告》（2022）的数据，自 1970 年以来，监测范围内包括哺乳动物、鸟类、两栖动物、爬行动物和鱼类在内的野生动物种群平均下降 69%。资源消耗速度已经超过了地球的再生能力。如果继续保持目前的生产与生活方式那么到 2030 年，人类将需要 2 个地球以吸收排放的 CO_2 和满足对自然的消耗。世界气象组织发布新闻公报，正式确认 2023 年为有记录以来最热的一年。气候异常也引发了全球各地高温热浪、干旱、暴雨洪涝、台风/飓风和森林野火等诸多气象灾害。随着全球人口的增长，经济的发展，不可持续的消费方式使人类对地球的破坏愈演愈烈。传统的消费模式是一种资源耗竭型消费，严重地破坏了生态平衡，影响了人与自然的和谐相处（江林等，2010）。

当下，全体消费者是造成环境污染的重要原因之一。比如，二恶英是一种最毒的、最不容易分解的污染源。在美国，由于环境保护法的颁布，大型工业源的二恶英排放量从1987年到现在已经减少了90%。然而美国家庭在庭院焚烧垃圾排放的二恶英占全美国排放量的60%。据统计，在美国，汽车尾气、消费产品和其他小规模、非工业源所排放的有毒气体已经占全部有毒气体排放的76%。每个人对环境造成一点破坏，影响看似不大，但全世界人口的影响加起来，就造成了环境问题，威胁人类的生存与可持续发展。早在1973年，Maloney和Ward就指出生态危机是由于人们的不良行为造成的，因此，技术的手段并不能从根本上解决由于人们过度的资源与能源消费引发的危机，有时甚至是危机的源头。许多生态危机都是人们享受或盈利行为后的产物，比如工业化的生产、流动性，资源消费等。如果想从根本上解决环境危机，需要人们态度与行为的真正改变。

2. 我国公众环境意识有所提高、环境行为有所改善，但不同领域实际行为表现存在差异

目前，我国公众环保意识较高，《2022年公民生态环境行为调查》报告显示，我国公众对环境保护的重要性、必要性、责任感、紧迫感均有着较高的意识。在环境状况感知方面，大部分公众认为其所在城市的生态环境问题不严重，部分公众认为其住处附近存在空气污染（23.1%）、噪声污染（15.6%）和垃圾废弃物污染（15.3%）等突出环境问题。除均认为空气污染和垃圾废弃物污染是突出环境问题外，城镇居民更多感受到噪声污染（17.9%），乡村居民则更多感受到水污染（13.2%）和土壤污染（11.6%）。

我国公众普遍具备较强的环境行为意愿，但在不同领域实际行为表现存在差异。个人生活中的环保行为仍存在较大的改进空间。比如在一项调查中，70%的受访者表示有意愿改变个人的生活方式，减少对环境的负面影响，但仅有30%的受访者表示每天都采取节约用水、减少垃圾等环保行动。尽管人们意识到环境保护的重要性，但是人们对环境保护的积极态度并没有转变为实际的环境保护行为。

3. 消费者在解决环境问题时的感知有效性比较低

环境问题是一个大规模的社会两难问题。全球的消费者共同影响了整个生态系统，每个人浪费一点资源、污染一点环境，集合起来就会对整个生态环境造成很大的危害。环境的恶化是一个漫长的积累过程。往往经过几年、几十年，环境的污染带来的后果才逐渐显现。人类从工业文明到现在不断对环境施加影响，近年来全球变暖、气候的极端化才逐渐受到人们的关注和重视。个人处于全体人员的大背景之下，每个人的努力显得微不足道，一个人为环保付出的努力可能会被其他人的破坏而抵消，而每个人的破坏在社会大环境中又看似无关紧要，在这种情况下，个人的责任感和有效性感知就会减少。而且，在与环保相关的日常行为中，人们经常面临着集体利益与个体利益相冲突的情况。为了降低生态风险而减少资源的开发与利用势必损害部分企业的经济利益，减少农田的灌溉用水，势必减少农产品的产量与农民的收益。减少私家车出行，意味着人们要放弃一定的舒适和驾驶乐趣。

例如开私家车出行，方便又舒适，但是汽车的尾气对空气造成了污染、破坏了环境，损害了大家的利益。再如，将所有垃圾都放进一个垃圾袋，简单又快捷，然而将生活垃圾有效分类能够提高垃圾处理效率，回收诸如矿泉水瓶和纸张等，能够变废为宝，节约资源。使用危害环境的清洁产品，去污力强又便宜，却严重污染水和土地。人们在进行如环境保护和绿色购买等生态消费行为时，经常面临着最大化集体利益还是最大化个人利益的困难抉择。学者们将这种情境称之为社会两难或者社会困境（Dawes，1980）。《2007年中国公众环境意识调查》数据显示，我国民众采取的日常环境保护行为主要以能降低生活支出或有益自身健康的行为为主，比如节约用水、用电、用气成为人们最常采用的环保行为，而其他增加支出及降低生活便利性的环境保护行为则相对较少采用，如购物时不使用塑料袋、不使用一次性餐具、将废电池投入专门的回收桶或回收站等环保行为较少。

4. 促进生态消费行为需要外界力量的有效干预

鉴于生态消费是涉及全体人员的大规模社会问题，目前的消费者往往被锁定在现有的不利于生态环境的生活方式与消费方式中。提高对环境的认知、转变人们的行为光靠消费者自身的觉悟和力量是难以实现的，需要政府、企业、媒体的干预。如何更加有效地促进消费者的生态消费行为是一个急需解决的客观实际问题。研究表明，关于环境保护的教育与宣传对促进人们环保水平的提高收效甚微，因此，研究有效地促进环境保护的干预策略是有必要的。与发达国家相比，我国政府、企业以及非营利组织促进生态消费的干预策略还比较单一，缺乏促进生态消费的科学、全面、有效的干预策略。

1.1.2 理论意义

有关生态消费的研究始于20世纪60年代，经过几十年的发展，生态消费的文献可谓汗牛充栋，非常之多。学者们从方方面面对生态消费进行了大量的研究，积累了丰厚的研究成果。从整体上看，生态消费的研究近年来偏向于更宏观和更微观两个层次。本章主要梳理关于研究消费者的生态消费行为的相关文献。

1. 对于生态消费行为的研究集中在"态度—意愿—行为"的研究范式

对相关文献进行梳理的基础上，本书发现态度研究在生态环境行为相关研究中占主导地位。大体上说，态度被发现与生态消费行为正相关，但是也有许多研究报告了态度与行为之间的相关性较低。虽然态度—意愿—行为模型被广泛应用于生态消费领域，但是态度与行为之间的关系却比较微弱。Higns、Hungerford和Tomera（1986—1987）对128篇关于生态消费行为的研究进行元分析后，得出环境态度与环保行为之间的平均相关系数为0.3。Hines等（1986—1987）指出有更多的其他因素影响生态消费行为，并将这些因素称为系统因素（situational factors），包括经济的限制、社会压力和选择其他行为的机会等。认为影响消费者的生态态度就可以转变消费者实际的行为，在现实生活中被验证是有效性较低的。对环境保护的教育和宣传并没有提高人们的环境保护水平。态度—意愿—行为的主流研究范式并不能解决人们的积极态度为什么没有转变为实际的行为的现实问题。

2. 现有的研究较少从社会两难的视角研究生态消费行为

环境是一种公共资源，个人为环境的付出所获得的收益要与社会全体成员共同分享，而由于他人的不良行为所带来的环境恶化的后果也需要社会全体成员共同承担。进行生态消费行为意味着在短期内要牺牲一些自我利益，如果不进行生态消费，比如不进行垃圾分类、开私家车出行等，在短期内个人所获得的利益更大。但是，如果社会全体成员都为了自我利益而牺牲了环境，长期下去，环境的恶化会使每个人的福利都下降。因此，人们在进行生态消费行为时经常面临着最大化集体利益与最大化个体利益的冲突。在这种情况下，是否进行生态消费等同于在两难情境中是否采取合作的问题。

从社会两难视角研究某些生态消费问题，能够更深入地理解人们的态度与行为存在差距的根本原因。然而，现有的研究中，从社会两难视角研究生态消费问题的文章比较少见，除了Wiener和Doescher（1991）基于社会两难理论系统地讨论了人们在进行亲社会行为时所遇到的障碍和克服这些障碍的措施。Wiener和Doescher（1994）基于两难理论中的互惠规范讨论了他人合作的预期对促进人们节约能源行为的影响；Sen等（2001）与Gupta和Ogden（2009）分别从社会两难视角研究了联合抵制行为与绿色购买行为。除此之外，将社会两难理论应用到生态消费领域的研究还是比较少的。

生态消费行为中的某些偏利他的生态购买行为与生态非购买行为是典型的两难问题，从社会两难视角研究这些行为能够更深刻地认识生态消费问题的本质。因此，从社会两难的视角，基于相关文献探讨影响生态消费的意愿或行为的影响因素，还有很大的研究空间。

3. 缺乏从社会规范的角度研究生态消费行为

现有的研究多从消费者个人的态度和价值观等方面进行研究。态度与行为的关系被证明比较微弱。而价值观和道德观等是已经内化的相对比较稳定的个人的行动准则，需要较长时间的形成。往往代际之间才能表现出价值观的变化。因此很难在短期内改变。对于不同的生态消费行为，比如节水、节电，我国的消费者出于节俭主义的价值观可能已经内化为个人的行动准则。但是对于其他生态消费行为比如购买有机食品、垃圾分类还停留在比较初级的认知阶段，没有内化为个人的道德规范和行动准则。因此，个人的态度和道德规范很难对这类行为产生影响。

生态消费行为的社会两难性质，决定了人们是否进行相关的生态消费行为不仅受到个人态度与价值观的影响，更是个体与群体博弈的结果。在生态消费情境中，只考虑个体的行为势必不能全面地理解影响个体生态消费的意愿。Bicchieri（2006）的社会规范理论指出，在两难情境下人们选择合作有两个条件，一是个体感觉社会上大部分人选择了合作（描述性规范），二是社会上大部分人期望个体选择合作（强制性规范）。社会规范是人们感知社会其他人的行为与期望。总结相关生态消费行为的文献，我们发现，从社会规范视角对生态消费进行研究的文献虽然有一些，但除了在计划行为理论中的主观规范和社会规范干预策略中的描述性规范的信息对生态消费行为的影响之外，社会规范中的描述性规范与强制性规范是通过何种机制影响个体消费者的行为的，即社会规范影响生态消费行为的机制还有待进一步挖掘。

4. 对消费者有效性感知的影响因素缺乏深入的认知

在生态消费行为研究领域，对消费者有效性感知的研究起源于20世纪70年代，最早由Kinnear等（1974）在对关注生态的消费者的研究中首先提出，他们将消费者有效性感知（PCE）定义为个人认为一个消费者可以有效地减轻污染的程度。他发现当消费者感觉到他们在减少环境污染中起到的作用越来越大时，他们对环境问题的关注越多。PCE的概念自提出以来，消费者有效性感知一直被学者们广泛采用，并被证明能够显著影响许多生态消费行为。PCE对生态消费的影响起到重要的作用，甚至是预测生态消费行为的最有影响力的变量Roberts（1996）。人们如果感觉自己的努力对解决问题越有效就越会投入其中。因此，对影响PCE的因素以及发展克服负面的PCE的战略研究就非常重要。目前，对PCE的影响因素的研究还比较少，已有文献显示，学者们分别从个体因素、文化差异、诉求方式等几方面研究PCE的影响因素，但几乎没有学者从他人的社会影响角度研究他人对个体有效性感知的影响。

5. 国内对生态消费的研究较少，亟须开展针对我国国情的相关理论与实证研究

国外对生态消费的研究起源于20世纪60年代，近年来关于生态消费与可持续性发展更是成为研究的热点问题。国外的生态消费研究经历了最开始通过人口统计特征研究哪些消费者是潜在的绿色产品的购买者，现在则更加宏观地基于经济、科技、文化的视角，与更加微观如人们的心理、情感等两个层面发展。对比我国对生态消费的研究，目前还处于比较初级

的阶段。基于我国国情，我国构建生态消费的路径不像西方是由消费者主导的自下而上的，我国生态消费模式的构建是由政府主导的，企业、非营利组织和消费者共同参与的生态消费模式（江林等，2010）。因此，针对我国生态消费发展的阶段以及我国国情，我国消费者的生态消费行为及其影响因素也具有一定的特殊性，有必要基于我国国情开展理论与实证研究，以便更深入地了解我国消费者的生态意愿的影响因素及形成机理。

1.2 相关概念界定与研究问题界定

1.2.1 相关概念界定

1. 生态消费行为

本书从微观层面，从消费者个体的角度研究生态消费行为。本书将生态消费行为定义为消费者出于对环境的关注而试图在日常生活中减少或控制自己行为对环境的影响（生态足迹）。生态消费行为包括购买有机食品等生态购买行为，也包括在日常生活中的节水、节电、垃圾分类、参与环保组织等生态非购买行为。本书试从生态消费行为的偏向利己和偏向利他的角度对生态消费行为进行分类，并将研究对象限定为偏利他型的生态消费行为，以期更好地研究生态消费行为的影响机制。

2. 社会两难

对个体消费者而言，在进行如环境保护和绿色购买等生态消费行为时，经常面临着是最大化集体利益还是最大化个人利益，是追求短期利益还是长期利益的困难抉择。学者们将这种冲突与困境称为社会两难（社会困境）。

Dawes（1980）指出社会两难的四个特征：①在短期内，不管其他人如何选择，个人做出自私（非合作）的选择，可以获得最大的利益。②相对于合作的选择，自私的选择总是对群体中的其他人有害。③长期内，如果所有群体成员都选择不合作，那么对个人的危害要超过个人的所得。④如果所有群体成员都选择合作，那么集体每个成员获得的福利都会增加。

3. 社会规范（描述性规范与强制性规范）

在心理学与行为科学领域规范（norm）被认为是组成社会群体成员可

接受或不可接受行为的各项文化价值标准。根据规范的内化程度，规范可以分为个人规范和社会规范两类（Ajzen and Fishbein，1970；Schwartz，1970，1977；Schwartz and Howard，1982）。Cialdini 等（1990）进一步指出，社会规范在具体的使用中不止有一种含义，他将社会规范分为反映大多数人赞同或者不赞同的规范称为强制性规范（injunctive norm）以及大多数人实际是如何做的规范被称为描述性规范（descriptive norm）。本文所研究的社会规范主要是消费者个体所感知到的大部分其他人是如何做的描述性规范以及大部分其他人期望个体如何做的强制性规范。

4. 信任

在不同的研究领域，如心理学、社会心理学、经济学等，由于研究背景和研究目的的不同，学者们对"信任"提出了许多不同的定义，本书主要采用信任在心理学中的定义。心理学家 Rotter（1971）将信任定义为个体或群体对他人或其他群体的言语、承诺及口头书面陈述的可靠性的预期。

5. 消费者有效性感知

消费者有效性感知的概念，最早由 Kinnear（1974）在对关注生态的消费者的研究中首先提出，他将 PCE 定义为个人认为一个消费者可以有效地减轻污染的程度。他发现当消费者感觉到他们在减少环境污染中起到的作用越来越大时，他们对环境问题的关注越多。Ellen 等（1991）将 PCE 定义为个人可以通过努力在某个问题的解决上起作用的一种具体领域的信念。后来的学者大都沿用 Ellen（1991）提出的定义。

6. 公平感知

公平理论认为，人们不仅看重报酬是否超过成本，同时，人们也会横向比较自己与他人所获得的报酬与成本的关系。人们以相对付出和相对报酬全面衡量自己的得失。当得失比例和他人相比大致相当时，就会心里平静，否则便会满腹怨气，产生不安全感。根据公平理论，公平与公平感是两类不同内涵的概念。其中，公平是一种客观的现象，而公平感知则是人们通过自身与他人或现状与历史的"收支比率"对照，产生的公平知觉和相关的情感体验。公平与否的判定除了受到外界氛围的影响，也受到个人的知识、性格、价值观等方面的影响。

7. 自我建构

在不同的社会文化背景下，人们对自我的认识与理解存在差异。西方文化强调个体的独立性，鼓励个体表达独立的自我个性。而东方文化强调自我与他人的相互依赖的关系。这种文化层面的整体差异构筑了个人主义—集体主义。Markus 和 Kitayama（1991）基于文化差异在个体层面的影响提出自我建构这个概念来解释不同文化背景下个体对自我与他人关系的认知方式。Markus 和 Kitayama（1991）认为自我建构有两种类型，在美国及西欧文化背景下，个体自我建构以独立自我取向为主导，在亚洲、非洲、拉丁美洲及南欧地区的文化背景下，个体自我建构以关联自我取向为主导。Markus 和 Kitayama（1991）认为自我建构是个体关于自我和他人的信念，即个体认知自我与他人相关或分离的程度。

1.2.2 研究问题界定

基于对现实背景与理论背景的分析发现，现有的在生态消费领域的态度—行为的研究范式很难解释人们的态度与行为之间存在的差距，即人们为什么不进行生态消费。本书基于社会两难视角，将偏利他型的生态消费问题看作是大规模的社会两难问题。并根据社会两难的相关理论研究社会规范对生态消费行为的影响机制。具体而言，本文主要讨论以下几个方面的问题：

（1）社会规范包括大部分他人是如何做的描述性规范与他人期望我们如何做的主观规范是否影响偏利他型的生态消费行为？

（2）描述性规范与主观规范通过何种机制来影响生态消费行为，描述性规范与主观规范的作用机制是否相同？

（3）描述性规范与主观规范是否通过影响有效性感知与公平感知进而影响生态消费意愿？

（4）针对不同自我建构（独立自我与互依自我）的消费者，社会规范对有效性感知与公平感知的关系是否存在着显著差异？

（5）在我国情境下，人们对社会的普遍信任感是否影响着社会规范对有效性感知与公平感知的作用效果？

1.3 研究目的与研究意义

1.3.1 研究目的

本研究的主要目的包括：

(1) 基于社会两难的视角解析生态消费意愿尤其是偏利他型生态消费意愿的影响因素。

(2) 探讨社会规范对生态消费意愿的影响机制。

(3) 基于个体对自我和他人的关系的认知特质，探讨个体差异对社会规范有效性感知与公平感知的影响。

(4) 理解中国情境下信任对社会规范影响的调节作用。

(5) 为政府和企业以及非营利组织推动生态消费行为，尤其是对偏利他型的生态消费行为提供有价值的政策建议。

1.3.2 研究意义

1. 将生态消费看作社会两难问题，更深刻地揭示了态度与行为存在差距的原因

以往对生态消费行为的主流研究范式，是研究消费者的生态态度与生态消费行为的关系。但是学者们发现，在生态消费领域，态度与行为之间的关系是比较微弱的。态度与行为的不一致，不仅仅存在于普通消费者身上，也存在于绿色消费者和道德消费者身上（Strong，1997；Harrison et al.，2005）。这意味着即使我们可以通过一些因素使消费者对生态消费的态度达到较高的水平，依然不能促使消费者在实际生活中更多地进行生态消费行为。理论与实践要求我们找到人们的态度与行为存在显著差距的原因。

本书认为生态消费行为尤其是偏向利他型的生态消费行为是典型的社会两难问题，消费者在进行这些行为时需要牺牲自我利益，限制自由的选择，承担一定的风险。正是这些困难阻碍了人们的生态消费行为。从社会两难的视角探讨生态消费问题能够更深刻地理解生态消费行为的本质，将生态消费行为等同两难情境下人们选择合作的问题，借鉴"两难"的文献，能够拓宽对生态消费意愿或行为的影响因素的研究。

2. 基于社会两难理论，研究社会规范对生态消费意愿的影响，拓宽了对生态消费行为的研究视角

以往对生态消费的研究，多从消费者自身的角度进行研究，如消费者个体的态度、消费者的知识、价值观等。很少有研究探讨来自社会他人的影响在生态消费意愿中所起到的作用。由于生态消费是两难问题，环境既是一种公共资源，也是一种公共物品。生态消费是个体的选择，同时也是个体与群体博弈的结果。因此，他人必然对消费者的生态消费行为具有重要的影响。社会规范包括大部分人的实际行为的描述性规范与反映大多数人赞同或者不赞同的强制性规范，是个体对他人的行为与影响的感知。研究社会规范与生态消费意愿的关系，将个体消费者置于群体的影响下，拓宽了生态消费的研究视角。

3. 构建社会规范对生态消费意愿的研究模型，深化了社会规范对行为意愿的影响机制研究

尽管社会规范对行为的影响已经得到一些实证研究的证实（Goldstein, Griskevicius and Cialdini, 2007; Mair and Bergin-Seers, 2010），但社会规范与行为之间潜在的认知机制却并没有得到很好的解释。目前，只有少数几位学者如 Rimal、Smith、Louis、Göckeritz 和 Masser 等探讨了描述性规范在哪些条件下能够影响行为。Rimal（2005）提出了规范的社会行为机制理论，指出了主观规范、结果预期以及群体社会认同作为调节变量调节描述性规范与行为的关系。还有部分学者探讨了描述性规范与强制性规范不同的作用机制。除此之外，社会规范对行为的影响过程与机制依然有很大的探索空间。而且，Rimal 也指出社会规范的文献并没有根据行为的不同属性将行为区别对待，换句话说，对于规范的影响，并不是对所有的行为都是相同的。不同的行为受到规范的影响可能是不一样的。本书通过研究社会规范与偏利他型的生态消费行为的关系丰富了社会规范对行为的影响机制研究。

4. 开展中国情境下，自我建构类型与信任水平对社会规范到生态消费意愿的影响程度的研究，弥补了国内相关研究的不足

自我建构来自文化差异在个体上的体现。Markus 和 Kityama（1991）指出，自我建构是个体对自我和他人的关系的认知。自我建构是集体主义与个人主义的个体化。中国是推崇集体主义的国家。注重自己与他人的关系是中国人人格的特点之一。尽管中国社会发生了很大的改变,但是中国人的人际关系模式很难发生本质上的变化。自我建构从个体的角度研究人们对自己与他人关联的感知。在生态消费方面,自我建构对生态消费行为影响的研究还比较少。本书探索了不同自我建构个体受到社会规范的影响程度,拓展了自我建构理论在生态消费中的应用。

信任在个体与他人的关系中起到了重要的作用。信任不仅仅是个体的特征,更是在社会学习中、在实践经验中所获得的对他人是否可以信赖的认知。在社会两难的文献中,信任与两难情境下的合作紧密相关。在我国现阶段,信任危机已影响到了人们的实际生活。本书通过探索信任水平与社会规范的交互作用,在丰富信任在两难情境中的作用机制的同时也为更好地指导实践提供了理论依据。

1.4 研究方法与研究思路

1.4.1 研究方法

基于研究问题和研究目标,本书在研究过程中主要应用以下两种研究方法:

1. 文献研究法

本书主要查阅了关于生态消费、社会两难、社会规范、公平理论、有效性感知等相关理论的国内外文献,在对相关研究成果整理与分析的基础上,较为全面地了解了生态消费目前的研究现状与相关理论的前沿进展,为本书的研究奠定了扎实的理论与文献基础。

2. 实证研究法

本研究运用问卷调查法收集一手数据并开展实证研究。首先,通过文献研究与小规模的访谈得到模型中主要构念的测量项目,形成初始问卷。其次,进行预调研,对预调研收集的数据进行检验和修订,得到本研究的正式调查问卷。再次,通过网络、街头访问等方式在超市、驾校、班级、学校图书馆以及公司进行大规模的问卷发放与数据的收集,从而确保有效扩大了调查人群的范围,保证样本数据的代表性。最后对调查得到的问卷进行分析,主要采用了 Spss 与 Amos 软件进行数据分析。

1.4.2 研究思路

本书的思路主要通过理论构建模型，并用实证的方式完成研究内容。本书研究思路与框架见图 1-1，主要包括以下几个方面：

（1）本书通过文献回顾梳理有关生态消费行为研究的相关进展。从文献中寻找现有理论研究的不足，结合实际生活找到研究的视角和方向。

（2）通过文献梳理，从理论上推导"社会规范"是如何影响消费者个体的生态消费行为的，进而构建研究的理论模型。并通过寻找自我建构与信任等调节变量，进一步完善理论模型。

（3）通过问卷调查法收集数据，验证理论模型，并针对研究结果进行分析，提出有效建议，实现研究的应用价值。

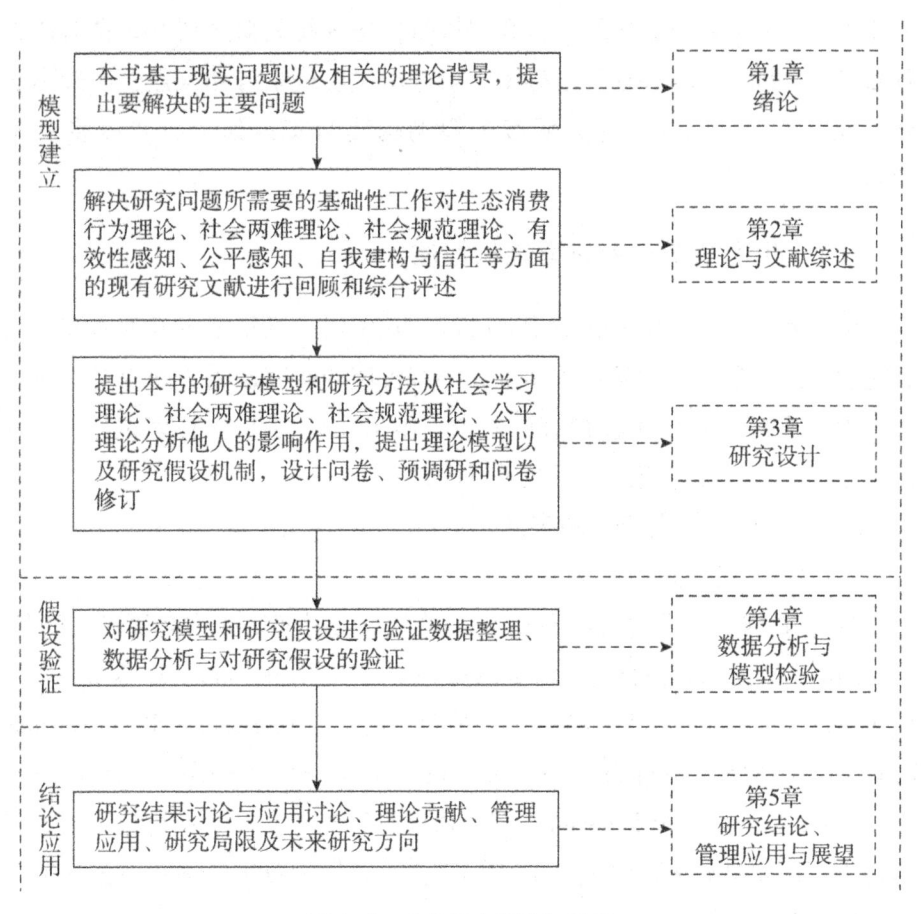

阶段	内容	章节
模型建立	本书基于现实问题以及相关的理论背景，提出要解决的主要问题	第1章 绪论
	解决研究问题所需要的基础性工作对生态消费行为理论、社会两难理论、社会规范理论、有效性感知、公平感知、自我建构与信任等方面的现有研究文献进行回顾和综合评述	第2章 理论与文献综述
	提出本书的研究模型和研究方法从社会学习理论、社会两难理论、社会规范理论、公平理论分析他人的影响作用，提出理论模型以及研究假设机制，设计问卷、预调研和问卷修订	第3章 研究设计
假设验证	对研究模型和研究假设进行验证数据整理、数据分析与对研究假设的验证	第4章 数据分析与模型检验
结论应用	研究结果讨论与应用讨论、理论贡献、管理应用、研究局限及未来研究方向	第5章 研究结论、管理应用与展望

图 1-1 本书研究思路与框架

第2章
理论与文献综述

本书要研究的核心问题是社会两难情境下社会规范对生态消费行为的影响机制。具体主要围绕生态消费行为、社会两难、社会规范、消费者有效性感知、消费者公平感知、自我建构与信任等相关概念展开。在对前人研究成果进行总结与评述的基础上，梳理出主要线索与切入点，明确本研究要解决的主要问题，并为后续的模型构建与实证研究分析提供理论基础。

2.1 生态消费行为研究现状综述

生态消费行为的研究起源于20世纪60年代，近年来更成为研究的热点问题。国外学者在此领域积累了许多有价值的研究成果，国内对生态消费行为的研究还处在比较初级的阶段。本节主要对生态消费的定义、分类、态度—行为的主流研究范式进行回顾。

2.1.1 生态消费行为的定义

1. 生态消费行为的定义

从现有文献看，学者们在研究生态消费行为时使用的称谓和定义较多。相似的概念有生态意识行为（ecologically conscious behavior）、环境友好行为（environmentally friendly behavior）、环境负责行为（environmentally responsible behavior）、环境意识行为（environmentally conscious behavior）、亲环境行为（pro-environmental behavior）等。从已有研究来看，学者们对"生态消费行为"的定义并未形成统一的认识，主要表现在对生态消费行为的范围没有达成共识。

早期的研究者将"考虑到个人消费对公众的影响，并试图利用她或他的购买能力为社会带来改变的人"定义为有社会意识的消费者（socially conscious consumer）（Webster，1975；Kinnear et al.，1974）。学者们对生态消费行为的研究集中在消费者的购买行为上，包括购买减少污染、对环境有益的生态产品，抵制购买对环境不负责的厂商生产的产品，愿意为购买生态产品付出专门的努力和支付溢价等（Roberts，1990）。后来的学者进一步扩大了生态消费行为的范围，Prothero（1990）指出，生态消费行为不仅包括消费者直接购买环境友好产品的行为，所有对环境有益的行为都应该在生态消费行为的考虑范畴之内。

Peattie（1995）所研究的生态消费行为包括直接的购买行为（purchase behavior）与购后行为（post-purchase behavior）。前者主要表现为消费者为生态产品支付更高费用的意愿、消费者出于生态选择的考虑而转换商品品牌等；后者主要表现为使用后的废弃物回收行为。后来的学者进一步将生态消费行为扩展为购买、使用和处置阶段所涉及的相关行为（Stanley and Lasonde，1996；Roozen and Pelsmacker，2008）。

Stern（2002）对生态消费行为的研究扩展至公共领域，如加入环保组织与捐款等。这些行为通过影响公共政策的方式间接影响环境。Dietz等（1998）同样也认为环境负责任行为不仅仅指消费者个体在私下领域的行为，还包括对政策的支持行为等。比如为了环境而支持更高的税收、价格和减少消费额等。

2. 生态消费行为分类

随着研究的发展，生态消费行为的外延在不断扩展，既包括私下领域的行为也包括公共领域的行为；既包括购买行为也包括非购买行为。那么如何更好地研究这些行为，这些生态消费行为是否有统一的共同影响因素？

环境心理学者做了一些尝试，试图寻找连贯一致的环境行为，并且研究这些行为共同的前置因素。Kaiser等（1999）应用Rasch分析建立了测量一般生态消费行为的量表。量表是基于样本中的任何一个被试参与行为的可能性，即参与某种生态消费行为的频率。频率越高，行为越普及；频率越低，消费者越难履行该行为（Kaiser，1998；Kaiser，Wolfing and Fuhrer，1999）。Steg和Velk（2009）指出Rasch分析揭示了行为的普及度，但是并没有解释为什么该行为是普遍的。

另外,一些学者应用因子分析来探索生态消费行为的维度。因子分析揭示了人们生态消费行为存在不同的维度。例如,在购买有机食品上表现出环境友好的消费者却可能在出行上表现出不环保的行为。不同维度的生态消费行为,其影响因素也是不一致的。但是,由于学者使用的量表中包含的生态消费行为不同,因此,通过因子分析得到的生态消费行为的维度也不同,这为横向比较研究造成了困难。

具体而言,学者们通过因子分析或深度访谈等其他方法大致将生态消费行为划分为以下几种类别,见表2-1。

表2-1 生态消费行为的分类

作者(年份)	生态消费行为分类
Peattie(1995)	直接购买行为 purchase behavior 购后行为 post-purchase behavior
Stanley and Lasonde(1996) Roozen and Pelsmacker(2000)	购买 purchase 消费 consumption 处置 disposal
Dietz et al.(1998)	消费者行为 consumer behaviors 环境公民 environmental citizenship 政策支持 policy support
Stern(2000)	环境行动主义行为 environmental activism 公共领域的行为 public sphere 私下领域的行为 private sphere 其他重要的行为 other environmentally significant behaviors
Tilikidou(2008)	生态购买行为 生态非购买行为
朱洪革(2009)	购买生态环保型商品的行为(第一类与第二类生态环保型商品的购买行为) 消费过程中有利于环境和节约资源的行为
Leonidou et al.(2010)	绿色购买行为 green purchase behavior 一般环境行为 environmental behavior

生态消费行为受到一系列因素的影响，一个通用的环境理论对于改变某种具体的行为并不总是很有效的。不同类型的生态消费行为可能拥有不同的原因，而且，影响行为的最重要的原因也会随着行为与个人而改变。因此，进行生态消费行为的研究，对生态消费行为进行分类研究是很有必要的。

从前人的研究中我们可以看出，有的学者如 Peattie（1995）等，按商品在消费者手中的流转过程，将在此过程中所产生的一系列行为进行分类，比如购买行为、使用行为以及购后的处理行为。还有的学者如 Stern（2002），根据行为发生的环境将生态消费行为分为大家共同参与的公共领域的行为与个人在私下领域的行为。学者如 Leonidou 等（2010）从购买与非购买的角度区别了购买行为与非购买行为。以上这些对生态消费行为的分类方式在一定程度上促进了对生态消费行为的影响因素的深入研究。但是，正如 Bratt（1999）指出，在这些分类下，行为依然可能聚成不同的类别，而且有着不同的影响因素。

2.1.2 生态消费行为研究的主流范式：态度—行为的关系模式

态度到行为的研究范式在生态消费行为中处于主导地位。态度到行为研究的前提是学者们认为积极的态度能够影响人们的生态消费行为。因此，在很长时间内，学者们将研究哪些因素能够影响态度，进而影响生态消费行为作为研究的主要内容。

1. 人口统计变量与个性变量与生态消费行为

早期的研究者试图定义、描绘生态消费者或者绿色消费者。什么样的消费者会购买使用对社会与环境有益的商品和服务，他们有什么样的特点，是早期学者们研究的主题。大多数的研究集中在可操作化、概念化和测量社会关注（social consciousness）和环境忧虑（environmental concern）上。

这一时期，学者们使用人口统计变量、社会经济变量和个性变量来分析生态忧虑的消费者（Anderson and Cunningham，1972；Kinnear，Talor and Ahemd，1974；Webster，1975；Mayer，1976）。比如，Kinnear、Talor 和 Adem1974 使用了 7 个社会经济变量，如年龄、有无小孩、教育程度、职位、家庭收入等，和 12 个个性变量，如占有欲、愤怒、损失规避和一个心理变量有效性感知。结果发现，社会经济变量与生态消费行为无显著关系。虽然，这一时期学者们对人口统计变量与生态消费之间的关系没有达成一致的意见，但是研究普遍表明，社会心理变量与个性变量相比人口统计变量能够更好地解释生态忧虑与社会关注行为。比如 Kinnear 发现个性特征中的对新事物的接受度和对事物运行的求知欲以及认为个人可以对环境污染发挥作用的有效性感知显著影响生态忧虑。Brooker（1976）发现高自我实现的个体的社会关注更高。这一时期有关生态消费者细分的研究对后续研究产生了积极的影响。

2. 认知、心理变量与生态消费行为

（1）知识—态度—生态消费行为

早期研究认为，生态知识会影响消费者的生态态度，生态态度进而影响人们的生态消费行为。这个模型假设通过教育增加人们的环境知识，会增加人们的环境保护行为。然而，后续的许多研究得出不一致的结论，认为增加环境的知识并不一定能够导致更多的生态消费行为（Arbuthnot and Lingg，1975；Geller，1989；Schahn and Holzer，1990；Martin and Simintiras，1995；Ajzen et al.，2011）。Ajzen（2011）等最近的研究发现，准确的知识和实际的行为并不相关。他呼吁研究者需要发现人们实际拥有的知识和这些知识影响人们意愿和行为的机理，而不是试图确保人们拥有信息的准确性。

（2）态度—生态消费行为

态度研究在生态环境行为相关研究中占主导地位（Balderjahn，1988；DeYoung，1993；Hines，Hungerford and Tomera，1987；Kallgren and Wood，1986；Kinnear，Taylor and Ahmed，1974；McGuiness，Jones and Cole，1977；Oskamp et al.，1991；Schwepkar and Cornwell，1991；Scott and Willits，1994）。大体上说，态度被发现与生态消费行为正相关，但是也有许多研究报告了态度与行为之间的相关性较低（Hines，Hungerford and Tomera，1987）。研究者指出态度与行为之间的不一致可能由于理论和方法的原因。Rajecki（1982）提出了四种可能的原因：①直接的经验对人们的行为的影响要大于间接的经验。②社会规范、文化与家庭传统影响并塑造着人们的态度。③态度与行为的不一致可能来源于态度与行为在测量时间上的不一致。④态度与行为的不一致可能由于态度与行为在测量上的范

围不相同。比如，Fishbein 和 Ajzen（1975）提出态度与行为的测量应该在相似的特异性水平上，即不能用一般的态度来预测具体的行为，而应该用对具体行为的态度来预测具体的行为。在此基础上 Fishbein 和 Ajzen（1975）提出了理性行为理论，他们认为消费者是理性的，态度并不直接决定行为，而是通过影响行为的意愿，进而塑造行为。同时，意愿并不仅仅受到态度的影响，也会受到社会规范的影响。Ajzen（1991）在理性行为理论的基础上，加入感知行为控制变量，发展出计划行为理论。感知行为控制是指人们感觉到履行相关行为的难易程度。它不仅影响人们的意愿，同时也直接影响到个人的行为。

随后，理性行为理论与计划行为理论被大量应用于回收再利用（recycling），绿色购买（green purchase）等生态消费行为。例如，在对回收行为的研究中，学者们发现对回收再利用的态度显著影响人们进行回收再利用的意愿，而意愿最终影响实际的回收行为（Boldero，1995；Taylor and Todd，1995；Cheung et al.，1999）。在对绿色有机食品的购买研究中，态度、主观规范和行为控制感知被验证显著影响购买意愿（Vermeir and Verbeke 2008；Bisonette and Contento，2001；Sparks and Shepherd，1992）。值得注意的是，虽然态度—意愿—行为模型被广泛应用于生态消费领域，但是态度与行为之间的关系却比较微弱。Higns、Hungerford 和 Tomera（1986—1987）对 128 篇关于生态消费行为的研究进行元分析后得出环境态度与环保行为之间的平均相关系数为 0.3。Hines 等（1986-1987）指出，有更多的其他因素影响生态消费行为，并将这些因素称为系统因素（situational factors），包括经济的限制、社会压力和选择其他行为的机会等。

（3）价值观—生态消费态度—生态消费行为

价值观是指一个人对周围的客观事物的意义、重要性的总评价和总看法。价值观是一般态度的前置影响因素，因为通过社会化的过程，价值观在生活的早期便已经形成了。价值观比一般的生态态度更稳定和持久（Kilbourne and Belkmann，1998）。对价值观在生态消费领域的研究主要是把环境责任、生态消费作为一种利他性价值观的表达。从价值观的角度研究生态消费行为主要包括两个方面：一是价值观对生态态度的影响，二是价值观对生态消费行为的影响。

Stern 和 Dietz（1994）提出了基于价值观的环境态度理论。他们认为人们关于环境的态度取决于人们对自己、他人或者生物的相对重要性的判断。Stern 和 Dietz（1994）将其称为利己主义的、社会利他的以及以生物为中心的。利己主义的环境态度基于环境恶化可能对个人产生的影响；社会利他型环境态度基于人类的利益、人类整体的目标。以生物为中心的态度基于自然为中心的价值观。价值基础理论是 Schwartz（1977）规范激活理论的延伸。规范激活理论认为人们对环境问题的关注在于人们意识到环境问题的严重后果。Schultz 和 Zelezny（1999）应用 Schwartz（1994）开发的测量价值观的量表验证了环境态度理论。他们的研究发现普遍主义（universalism）正向影响生态态度，而权利和传统负面影响生态态度。除了影响生态态度，价值观也直接影响生态消费行为。虽然，在长期内价值观与行为是互为影响的，但是短期内，价值观影响生态消费行为是被实证证实的。Thogersen 等以 Schwartz 的价值观分类为基础研究，发现普遍性、仁爱、理想主义、公平、自由和责任等价值观与可持续性消费相关，而权利、享乐主义、传统、安全和一致性、野心等价值观与不道德或者不可持续的消费模式相关。

Chan（2001）基于 Kluckhohn 和 Strodtbeck（1961）描述中国人价值观的研究框架，研究了中国人的价值观对生态消费态度的影响，研究结果发现，人类—自然—导向的价值观显著影响中国人对生态消费的态度。个人主义与集体主义导向的价值观也影响人们参与生态消费行为的动机。McCarty 和 Shrum（1994，2001）发现，集体主义价值观对消费者的回收再利用态度和行为有积极的影响。在其他对生态消费行为的相关研究中，比如对资源的保护、生态承诺以及绿色产品的购买中发现，拥有集体主义价值观的个人更容易履行对环境保护有益的行为（Dunlap and Van Liere,1984；Li, 1997；Kim and Choi, 2005）。从总体上看，价值观是长期形成的，也在长期影响人们的行为与态度。短期内人们的生态消费行为往往更容易受到具体因素的影响，比如习惯，对某事情具体的态度，参与生态消费行为的偏好与机会等。

3. 态度—行为关系主流研究范式存在的问题以及相关研究进展

态度—行为关系的研究是生态消费行为中最常见的，但是其关系也是最复杂模糊的，这主要是态度与行为的不一致性所导致的。研究表明，不仅大多数消费者表现出态度与行为不一致（Chatzidakis, Hibbert and Smith, 2007），态度与行为不一致的现象也广泛存在于对环境保护表现出特别关注的消费者中，比如绿色消费者、道德消费者与为了保护环境而自愿简单生活的消费者中（McDonald, Oates, Young and Hwang, 2006）。

Prothero 等（2011）指出，如果关于生态消费的研究只拘泥于态度—行为的传统研究方式的话，那么必然不能解决社会实际的问题。学者们呼吁扩大研究的范围，对于生态消费的研究不能仅仅拘泥于个体消费者，只强调消费者的理性决策而不考虑广泛的社会文化现状（Dolan, 2002）。Dobson（1990）等学者批判态度—行为的研究过于狭隘。近年来，许多学者致力于研究态度—行为之间的差距，以及产生差距的原因，取得了一些研究进展，扩展了人们研究生态消费的思路与视野。下面列举了研究者从不同的视角提出可能影响态度到行为的关系的因素。

(1) 个人与情境类的变量

Berger 和 Corbin（1992）指出，与其假设态度总是预测行为，研究者们更应该考虑能够系统地促进或阻止态度对行为的影响的变量。Berger 和 Corbin（1992）在研究中证明，消费者有效性感知（perceived consumer effectiveness）与对他人的信任（faith in others）能够有效调节态度与生态消费行为。消费者有效性感知是消费者所感知到个人的环保行为可以影响环境改善的程度。当消费者感觉到自己的行为对环境保护起到的作用越大的时候，对环保的积极态度越有可能转变为实际的环保行为。

个人或情境类的变量会阻止消费者将积极的态度转变为实际的行为。Bisonette 和 Contento（2001）在计划行为理论模型中加入了消费者在生态消费情境中的卷入度作为调节变量，他们认为成年人感觉有机的或当地生产的食物与自己的相关度越高，就越可能购买有机的或当地生产的农产品。Vermeir 和 Verbeke（2008）在研究消费者对绿色产品的购买中加入了消费者信心和价值调节态度与行为的关系。

Chatzidakis、Hibbert、Mittusis 和 Smith（2004）使用 Sykes 和 Matza's（1957）的中立状态（neutralisation）作为调节变量。中立代表了能够帮助消费者减轻与态度不一致的行为对他们的社会关系以及自我概念产生的不良影响。这些技术包括对责任的否定，对伤害的否定，对受害人的否定，要求更高的忠诚等。当然作者也指出，这些中立的技巧在减轻由于不履行有关道德或者绿色消费行为而引起的愧疚和不和谐的方面并不总是有效的。

（2）产品的属性

Ehrich 和 Irwin（2005）发现消费者表现出购买行为与潜在的价值观不一致的原因可能是在于避免机制（avoidance mechanisms）的作用。即使消费者真的关心环境问题，避免机制（avoidance mechanisms）也可能会影响消费者的环境价值观转变为实际的购买行为。这是因为产品的道德属性（ethical attributions）通常不是显而易见的，需要消费者调查或者向销售人员咨询，而且道德属性信息可能会带来负面的情感或者压力。Ehrich 和 Irwin（2005）认为产品道德属性的不显著会导致消费者的态度与行为的不一致，因为信息的不明显会允许消费者故意忽略可能会导致压力的属性信息。

Luchs 等（2010）的研究发现，即使大多数消费者都关心环境和社会问题，环境友好属性也并不总是占优势。环境友好属性能否促进人们购买取决于人们对产品类别的价值偏好。比如，环境友好型清洁剂通常给消费者的感受是去污能力不强，如果消费者需要去污能力强的产品，环境友好属性的价值就会被削弱。

（3）进行生态消费的成本

Diekmann 和 Preisendoerfer（1992）使用低成本/高成本模型来解释态度和生态消费行为之间的不一致。他们认为人们会选择需要最小成本的亲环境行为。在他们的模型中成本不仅限于经济上的，而是包含了更为宽泛的心理感受，如实施生态消费行为所需要的时间、体力等。在研究中他们发现，环境的友好态度与低成本的行为（比如回收再利用）显著相关。关心环境的人们会参与回收利用等行为，却不一定参与需要付出较高成本的行为，比如减少开私家车和乘飞机出行的数量。

（4）消费者的卷入度和感知可控性

Vermeir 和 Verbeke（2005）系统地分析了在购买有机食品领域态度与行为的不一致，他们指出，在购买有机食品上消费者态度与行为意愿的不一致可能是由于消费者的卷入度、对信息的不确定性以及个人感知的可控性等原因。他们发现，一方面当有机产品不能够有效到达消费者手中的时候，即使人们的态度很积极，购买意愿也会保持很低。另一方面，来自群体的社会压力会增强人们的购买意愿，即使消费者个人对有机产品的态度是负面的。研究指出，可以通过刺激人们的卷入度，增强产品的可获得性、知识的确定性以及社会规范等方面来促使人们消费有机食品。

（5）习惯

人们的日常行为经常受到习惯的驱使。人们在面对如选择什么样交通工具去上班、购买何种食品的时候并不总需要做决策，很多时候习惯已经帮人们做出了决定。学者们发现，当习惯很强的时候，态度和行为之间的关系比较弱，而当习惯较弱的时候，态度和行为之间的联系比较强（Verplanken，Aarts，van Knippenberg，1994）。也就是说，通过改变人们的态度并不能够轻易使人们改变已经建立起来的习惯。有研究指出，改变人们旧有的环境不友好的习惯，创建新的环境友好的习惯，需要7个步骤。①要注意到其他人的环境友好行为；②注意到自己目前的行为及对环境带来的损害；③考虑可能的其他的解决方案；④计划实施新的行为；⑤测试新的行为；⑥对新的行为进行评估，如果反馈是积极的；⑦新的行为习惯会建立起来。习惯性的行为涉及人们对行为的错误感知和选择性的注意，人们会注意确定他们选择的信息，忽略和他们习惯的行为不符的信息。只有当情境明显改变的时候，人们才会重新考虑习惯。例如，Fujii 和 Gärling（2003）与 Fujii、Gärling 和 Kitamura（2001）发现，短期内强制习惯开车的人使用其他交通工具，显著减少了他们在长期上对汽车的使用。

2.2 社会两难与生态消费行为

本书认为在生态消费领域，人们的积极态度与现实行为之间的差距是因为人们在进行生态消费时面临着集体利益与个人利益、短期利益与长期利益的冲突。本书将生态消费行为解读为社会两难情境下的合作行为。因此，在本节中将对社会两难的概念与影响两难情境下的人们选择合作的因素进行综述，并对比在两难情境下影响合作的因素与生态消费的相关研究，深化对生态消费行为本质的认知，拓宽研究生态消费影响因素研究的视角。

2.2.1 生态消费是大规模的社会困境问题

人们对生态消费行为的积极态度之所以没有转变为实际的行为，是因为在进行生态消费的过程中，人们往往面临着近期利益与长远利益，自我利益与集体利益的冲突。比如，开私家车出行，方便又舒适，但是汽车尾气对空气造成了污染、破坏了环境，损害了大家的利益。将所有的垃圾不分类放入垃圾桶中，简单快捷，短期内省时省力，但是长期来看因为垃圾没有得到有效处理，会危害环境，同时不利于节约资源。再如，使用危害环境的清洁产品，去污力强又便宜，却会严重污染水和土地。对于个体消费者而言，在进行如环境保护和绿色购买等生态消费行为时，经常面临着是最大化集体利益还是最大化个人利益，追求短期利益还是长期利益的困难抉择。学者们将这种冲突与困境称为社会两难（社会困境）。

Dawes（1980）指出社会两难的四个特征：①在短期内，不管其他人如何选择，个人做出自私（非合作）的选择，可以获得最大的利益。②相对于合作的选择，自私的选择总是对群体中的其他人有害。③长期来看，如果所有群体成员都选择不合作，那么对个人的危害要超过个人的所得。④如果所有群体成员都选择合作，那么集体每个成员获得的福利都会增加。

比照以上四个特征，我们发现偏利他的生态消费问题符合社会两难的四个特征。以开私家车为例，①短期内，个人选择开私家车（非合作），舒适快捷，符合自己的利益。②汽车尾气造成环境污染，破坏了环境、损害了大家的利益。③如果所有群体成员都选择开私家车（不合作），那么会造成道路拥堵、环境破坏，所有人的利益都会受到损害。④如果社会全体成员都选择搭乘公共交通出行，那么道路畅通、空气质量改善，每个人的福利都会增加。

也就是说对个体消费者而言，追求自己的利益在短期内总是能够获得最大的收益，然而，当所有的个体都追求自我利益的最大化，那么长期以内会导致集体利益受损，每个成员的福利都会下降。为了更好理解生态消费的社会两难性质，下面简单介绍社会两难的概念与类型。

在相关文献中，社会两难经常分为两人两难（又称囚徒困境）与多人困境。根据成本和收益在每个个体间的分配情况，多人困境又进一步分为两种类型（Cross and Guyer，1980）。一是社会围城（Social Fence），它是指个人付出成本，但是收益却被全体人分享的情况。在这种情况下，个人存在着避免付出的动机，但是，如果所有人都想办法"翻越栅栏"，每个人的福利都会减少。二是社会陷阱（Social Trap），个人获得直接利益，但是产生的成本却要全体成员承担，如果所有人都经受不住诱惑，就会变成集体的灾难。公共物品两难与公共地悲剧是这两大类情况的形象代表。

1. 公共物品两难（Public Good Dilemmas）

公共物品本身是一个全体人共享的资源，不管个人是否帮助提供公共物品和资源，每个人都可以享用。即使个人没有交税也可以享受城市中心的公园。公共资源是非排除性的。结果使得有人没有对公共物品的生产和维持贡献力量，却享受公共物品带来的福利。这种现象被称为"搭便车现象"（free-ride）。Kollock（1994）指出，造成这种现象的原因有两个：一是贪婪，想要使自己获得最大的利益；二是个人愿意合作，却担心没有足够多的其他人愿意实际提供公共物品。公共物品也被认为是非竞争性的（Cornes and Sandler，1996），一个人使用公共物品并不能减少对其他人的供应，"我欣赏电视剧并不影响其他人的观看"。一个纯正的公共物品是完全非排外和非竞争的，但是现实生活中，许多公共物品只在某种程度上展示这两个特征。

2. 资源两难（Common Dilemmas）

一种多人困境被称为公共地悲剧（Tragedy of the Commons）。Hardin（1976）通过讲述牧民们的故事来形象描述公共地悲剧的情况。一群牧民共同拥有一块富饶的草场。每一个牧民都想放更多的牛，因为增加一头牛对个人是有利的，所有牧民都看到了这一点，大家全部增加养牛的数量，草地则被过度放牧，从而不能满足牛的需要，最终导致所有牧民的牛都被饿死。公共资源也是不排他的，但是又不同于公共物品，公共资源的一个重要特征是利益是要被分配的。必须考虑如何分配或者获取公共资源，才能保证个体和群体的利益。

总体来说，公共物品两难涉及公共物品的生产与创造，而资源两难则涉及如何使用资源。而且公共物品具有明显的非竞争性，但是公共资源却涉及资源的分配。

两人困境与多人困境则有很多不同。Dawes（1980）指出多人困境与两人困境不同的三个方面：①在多人困境情况下，一个人的行动并不会暴露给其他人，匿名性使人们可以轻易地搭便车而不为他人所知。②在两人困境中，一个人不合作所产生的成本完全由另外一个人承担，然而在多人困境中，成本被分散给群组中的所有人。③在多人困境中，一个人对其他人获得的结果几乎不能控制。而在两人情境下，对方的行为能够非常大地影响另一方得到的结果。

生态消费问题是涉及社会全体成员共同参与的社会问题，它是涉及社会全体成员的大规模社会困境问题（Belk, Painter and Semenik, 1981; Ritchie and McDougall, 1985; Wiener and Doescher, 1991, 1994）。在大规模的社会困境中，群体的目标只有在大多数成员都选择牺牲自己的利益时才能获得。如果每个人都选择自己利益的最大化，那么群体的共同目标就难以实现。因此，生态消费行为经常要求个人为了群体的利益而限制利己的倾向（Hopper and Nielsen, 1991; Vining and Ebreo, 1992; Stern, Dietz, and Kalof, 1993）。从这个角度来看，促使人们进行生态消费问题就是促使人们在大规模的社会两难情境中自愿合作的问题。

2.2.2 两难情境下影响人们合作的因素

在社会两难情境下对合作行为的影响因素方面，大量的研究从自我效能（Van de Kragt et al, 1983）、性别（Rapoport and Chammah, 1965; Croson and Gneezy, 2009）、奖励（Lepper and Greene, 1978）、惩罚（Balliet et al., 2011）、反馈（Pillutla, 1999）、信任（Yamagishi, T. 2001; Yamagishi, T., et al., 2005）、群体规范（Bicchieri, 2006; Biel and Thøgersen, 2007; Kopelman, Weber and Messick, 2002）、群体规模（Agrawal, 2002; Dawes, 1980）、个体经历（Bettenhausen and Murnighan, 1991）、价值取向（Messick and McClintock, 1968; Bogaert Boone and Declerck, 2008）、沟通交流（Dawes et al., 1977; Bochet et al., 2002; Gupta and Ogden, 2009）等多个方面展开探讨，并提出了许多的管理对策。总体来说，这些影响合作的因素可以分为三个方面：个体特征、群体特征以及任务特征（见图2-1）。

1. 个体特征

个体特征主要反映了个体差异对两难中合作的影响。

（1）性别

Rapoport 和 Chammah（1965）的研究激发了社会心理学者研究在社会

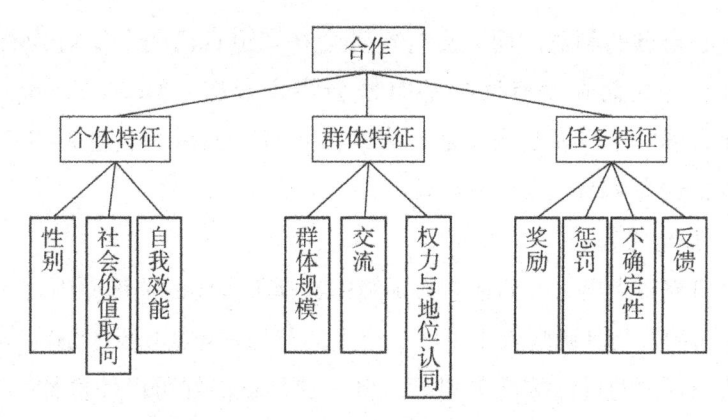

图 2-1 在两难情境下影响合作的因素

困境中性别的差异。Rapoport 和 Chammah（1965）在研究中比较了男性群体、女性群体与混合群体在重复囚徒困境实验中的合作情况，研究结果发现，男性组合比男女混合组合表现出更多的合作，而女性组合合作最少。后来的学者 Croson 和 Gennzy（2009）对社会困境中的两性差异的元分析中发现，从总体上看，男女在合作上并无明显的差异。但是性别与合作的关系会受到社会情境的影响。在性别混合情况下，女性比男性更倾向于合作，在大规模的群体中女性比男性的合作程度更高，而在重复的实验下，男性比女性更倾向于合作。

（2）社会价值取向

除了性别之外，研究者发现，在两难情境下，人们对自己的利益和他人的利益表现出来稳定的偏好，这种偏好被称为价值取向（Van Lange et al., 2006）。Messick 和 McClintock（1968）的研究结果发现，人们的价值取向可以分为三大类：①合作者；②利己者；③竞争者。合作者倾向于最大化自己和他人的利益之和；利己者不管他人的利益，最大化自己的利益；竞争者倾向于使自己和他人的利益差距最大化。后续的研究中发现，除了有倾向于最大化自己和他人利益的合作者，还有不管自己的利益，使他人利益最大化的人，学者们将其称为利他主义者（altruism）。Kurzban 和 Houser（2001）与 Perugini 和 Galluci（2001）对比了互惠合作者与利他主义者。利他主义者更关心他人的利益，即使在对方选择不合作的情况下，利他主义者依然会选择对他人有利的策略。利他主义者关心他人的利益胜过关心自己的利益。而互惠合作者会在知道自己的合作行为有回报的时候选择合作，而在没有回报的时候会终止合作。Au 和 Kwong（2004）指出，在人群中合作者是大多数，大约占 46%，然后是利己者占 38%，竞争者最少，约占 12%。

（3）自我效能

许多研究者指出，人们在多人困境中选择不合作的关键原因之一是人们觉得一个人的行为其影响太小了。一个人的行为很难影响到整体的局势。如果个体认为群体的目标接近实现，而自己的贡献恰好可以使群体实现目标，这种情况下个体往往会合作。Kerr 和 Rapoport 等（1989）发现，自我效能与对公共物品的捐助显著相关。即使在群体规模很大时，选择合作的人们也大多认为他们的捐助对提供公共物品起到了很大的作用。

2. 群体特征

在社会两难背景下，群体特征中研究较多的是群体规模、权利与身份和交流等。

（1）群体规模

大量的研究表明，随着群体规模变大，人们的合作率降低（Komorita and Lapworth, 1982；Fox and Guyer, 1977；Bonacich et al., 1976）。Dawes's（1980）指出，两人两难与多人两难的区别在于随着群体规模的扩大，不合作的伤害被稀释，而使匿名性的不合作变得更容易，通过策略性行为塑造他人的行为变得更加困难。个人的自我效能感知变低，因为在大规模的社会困境中个人感觉到自己的影响是非常微弱的。除此之外，随着群体规模的扩大，沟通与协调各群体成员的行动会变得更加困难，同时监督与制裁他人的行为会更有挑战。然而，随着群体规模的扩大，上述因素都是不可避免的。也有一些研究得出了相反的结论，认为随着群体规模的扩大，人们的合作反而增加了（Yamagishi and Cook, 1993；Isaac et al., 1990）。Orbel 和 Dawes（1981）指出，这可能是由于随着群体规模的扩大，许多其他影响合作的因素也会随之改变。因此很难将其他变量控制住而只研究群体规模的效应。

（2）交流

在一个实验中，Dawes 等（1977）发现，当群组中的一员有机会向其他人讨论两难问题的时候，人们更倾向于合作。其原因：①交流提供了群体内其他成员如何行为的信息，建立群体的规范，给参与者尊守群体规范的压力；②交流为个体成员对合作行为做出承诺提供机会，减少对方背叛的恐惧；③通过提供强调增强群体收益的道德价值，说服本来打算不合作的成员；④交流使人们对群体的目标更加清晰，是提高群体凝聚力的好渠道；⑤交流会促使成员间产生和强化群体身份意识。学者们进一步比较了不同的交流方式对合作的促进作用。相比于书面信息，面对面的交流作用最强。在一个实验中，Bochet 等（2002）发现，面对面的交流与在聊天室中使用语言信息的效果相似，但是对只传递数字类的信息并没有显著的影响。然而，实验室中的结论能否应用到实际生活中的两难问题值得考虑，因为社会大规模的群体中，群体成员很难有机会和其他人讨论他们的选择（Gupta and Ogden，2009）。

（3）权力与地位认同

在社会两难困境中，权力与地位体现在领导和权力的不对称上。Hardin 早就提出，任命领导可能解决社会困境问题。随后一些研究考察了领导被任命的条件。例如，当资源正在被过度使用时，或当管理资源被看作是一项艰难的任务时，人们更可能选择任命领导。Decremer 等（2009）考察了被安排的领导者角色如何影响资源共享任务中的行为，他们发现领导者（或合法领导者）比追随者（或不合法领导者）获取更多，而且领导者更不会采用平均分配原则。

3. 任务特征

（1）奖励

大量的研究集中在奖励机制对促进合作的作用。奖励可以被看作解决两难问题的结构性（structural）方案，可以减少两难情境中的个人利益与集体利益的冲突（Kollock，1998；Van Lange and Joireman，2008）。但是，也有学者指出，奖励也可能起到相反的作用，损害社会两难中的合作。奖励可以降低合作的内部动机，减少人们合作的自主、自控和自由，增加心理反抗（Lepper and Greene，1978）。Balliet 等（2011）通过对大量文献进行元分析得出，奖励确实能够促进两难情境中人们的合作。同时，他们发现，当对于提供奖励的人来说，代价越高，奖励越昂贵时，奖励的效果就越好。因为相比于零成本的奖励，高昂的奖励代表了提供者对于集体目标的重视程度。

（2）惩罚

促进人们在社会两难情境中的合作的一个挑战之一就是"搭便车"的问题。早期的研究表明，惩罚能够加强社会两难中的合作（Yamagishi，1986）。学者指出惩罚能够促进两难中的合作行为可能是由于两个原因：一是因为惩罚改变了任务结构，使得两难行为中的抵抗（不合作）行为所获得的利益减少（Yamagishi，1986a，1986b，1992）。二是因为惩罚能够有效增加社会两难中人们对他人合作的预期。近年来学者们也进一步指出，惩罚也是一把双刃剑，因为惩罚虽然能够直接促进社会两难中的合作，但是惩罚却使人们的道德动机转变为盈利动机（Fehr and Falk，2002），不利于人们提高合作的意识、并将道德感与责任感传递到其他的亲社会行为中。

（3）不确定性

在研究两难问题的文献中，环境不确定的研究比较多。环境的不确定性一般是指缺乏关于公共资源及其补充率的信息。研究发现，在资源两难中，资源的不确定性提高了个体对公共资源的使用与获取量。因为资源的不确定性，增加了个体预期他人的资源获取量，高估了公共资源的规模（Rapoport，2000）。

（4）反馈

一般研究表明，对于其他人都进行合作的反馈信息，能够促进更多的合作行为。而他人采取反抗（不合作）的信息，会促使人们采取竞争的行为。对于群体绩效的反馈相比个人绩效的反馈更有利于促进合作行为。表2-2对比了在两难文献中关于促进合作行为的影响因素研究，与相关因素对生态消费行为的影响研究。

表2-2 影响两难情境中合作的因素与生态消费行为的影响因素的研究结果对比

影响因素	两难情境下的合作行为	生态消费行为中的应用	生态消费研究
性别	总体上看，男女在合作上无明显差异，但会受到社会情境的影响	研究较少，得出来的结论不尽相同	Fotopoulos and Krystallis（2002）Mostafa（2006）

续表

影响因素	两难情境下的合作行为	生态消费行为中的应用	生态消费研究
社会价值取向	社会价值取向分三大类，合作者、利己者和竞争者。合作者倾向于在两难情境下选择合作	直接使用社会价值取向的研究较少，但是利他的价值观正向影响生态消费行为	Stern and Dietz (1994)
自我效能	自我效能显著影响合作行为	在生态消费领域，学者们使用与自我效能相似的概念；消费者有效性感知，发现消费者有效性感知是影响生态消费行为的重要因素	Ellen (1991) Berger and Corbin (1992)
群体规模	群体规模越大，合作率越低，但也有学者得出相反的结论	鲜有从群体规模视角探讨生态消费行为的研究。	Biel and ThØgersen, (2007)
交流	交流有助于促进人们的合作行为	提示信息与承诺策略能够明显促进生态消费行为	Katzev and Johnson (1983)
权力与地位认同	任命领导有助于解决社会困境问题 对群体的认同感有助于人们的合作行为	近年来学者关注对群体的认同感有助于促进生态消费行为	Rimal and Real (2005)
奖励	奖励有助于促进合作行为，但是也可能减少合作的自主动机	奖励能够有效促进人们的生态消费行为，但是当奖励取消，生态消费行为就会消失，甚至低于之前的水平	Winett (1978) McClelland and Cook (1980)
惩罚	惩罚能够起到直接的效果，但是不利于形成道德规范	惩罚能够有效促进人们的生态消费行为，但是当惩罚取消，生态消费行为也随之递减	McClelland and Cook (1980)
不确定性与反馈	资源的不确定性增加了人们抵抗的可能性 反馈有助于促进合作，群体的反馈比个人信息的反馈更有效	反馈能够有效促进人们减少使用天然气、水等自然资源，促进人们的节约行为	Seiro et al. (1996)

从上述对影响人们在社会两难情境下选择合作的因素的综述以及对照促进生态消费行为的干预策略的文献可以发现，影响两难情境中合作的因素在影响生态消费行为中也起到了重要的作用。这也进一步说明生态消费具有社会两难性质。虽然学者们实际应用影响两难中合作的因素来研究生态消费问题，但是很少有学者将生态消费问题作为两难问题来认识与理解，并应用两难文献促进合作的因素来系统研究生态消费问题。本书拟从群体特征中的群体规范入手，研究他人的行为对消费者个体的生态消费行为的影响机制。

2.3 社会规范研究述评

目前，在社会两难情境下，社会规范的作用越来越受到学者们的重视（Bicchieri，2006；Biel and Thøgersen，2007；Kopelman, Weber and Messick，2002）。大量的研究表明社会规范能够有效促进两难情境中人们的合作行为（Bicchieri，2002；Kerr and Kaufman-Gilliland，1997；Biel，2000）。

1. 社会规范被创造来限制人们的利己冲动

社会规范是一种社会行为规则，它组成社会群体成员可接受或不可接受行为的各项文化价值标准。Cialdini 和 Trost（1998）指出，社会规范是被群体所理解的规则和标准，不需要通过法律效力便能够引导或者限制社会行为。社会规范通过不断演化来管理与调整人们的社会生活。

规范的出现来源于行动的外部性，有些行为不仅仅对行为的个体产生影响，也会影响个体外的他人。这种外部性有时候是正向的、积极的，有时候是负向的、消极的。而且，这种外部性的影响很难通过简单的交易所控制，受到外部性影响的个体难以控制他人产生外部性的行为。因此，当个人的行为对群体中的他人产生负面影响的时候，社会规范能够起到限制人们的利己冲动的作用（Biel, Eek and Gärling，1999）。社会规范暗示人们履行规范允许的行为，而实施规范不允许的行为的个人将会受到相应的惩罚。

2. 社会规范可以解释人们在两难情景中的条件合作行为

两难情境中人们合作的障碍之一是对他人的不信任。社会两难理论中的条件合作理论指出，人们倾向于在其他人合作的情况下合作，在其他人抵抗的时候采取抵抗策略。这也被一些实验和田野研究所证实。

有学者指出，互惠与公平的社会规范可以用来解释条件合作理论。互惠是指当他人表现出善意的时候，个人也表现出善意的行为。当其他人表现出恶意的时候，个人也回报以不友善的行为。Fehr 和 Schidt（1999）提出大家对不公平的厌恶理论，即人们厌恶报酬的不公平，而且相对于损失与获得，人们更加厌恶在损失方面的不公平。

与规范相一致是个体在社会两难决策行为中采取合作的动机之一。因为个体希望自己的行为与社会规范相一致，如果违背了社会规范将受到惩罚，为避免惩罚，个体的行为会尽量与社会规范相符合，因此社会规范起到了限制自利的冲动而促使群体行动顺利进行的作用。同时社会规范在一定条件下能够内化为个人规范，而且这种个人规范一旦被激活，将在以后的行为中形成一种惯性。因此个体采取合作行为也是由于规范在其中起了作用。

3. 法律法规只有在社会规范指出下才能发挥效力

在现代社会中，大量的合作来源于规则的法律效力。然而，只有规则获得了大家的一致认同，规则的法律效力才能得以保证和实现。Vandenberg（2005）指出，针对个体消费者的环保行为的规则制度非常不受欢迎，实施起来不仅成本高，效率也很低。例如，1990 年美国洛杉矶空气质量管理局曾由于颁布"减少在家庭后院烧垃圾引发的烟雾"的法规而受到批判，反抗者打出"烧烤等于进监狱"的标语以反抗法规的不合理。当应用于个体消费者的时候，一些经济手段比如税收与可交易的污染许可证也面临着难以逾越的障碍。在美国，对个人实施的环境税收很难施行。由于潜在参与者的数量巨大和单一个体消费者的排放甚微，许可证计划也很难发展与管理。Fehr 和 Fischbacher（2004）指出，规则只有在获得了大家一致支持的情况下，其法律效力才能够得以保证和实现，规则必须得到社会规范的支持。

2.3.1 规范定义与分类

在心理学与行为科学领域，规范（norm）被认为是组成社会群体成员可接受或不可接受行为的各项文化价值标准。根据规范的内化程度，可以分为个人规范和社会规范两类（Ajzen and Fishbein, 1970; Schwartz,

1970，1977；Schwartz and Howard，1982）。Schwartz（1977）将个人规范（personal norm）定义为在某特定情境下、对实施具体行为的自我期望，个人体验到一种道德责任感。即使没有外在的奖励或者惩罚，个人也会遵从道德准则，如果实际的行为违背了个人的道德准则，那么个体会体验到犯罪感，自我贬低，丢失自尊和产生其他对自己的负面评估等；遵从了自我道德准则的个人会体验到自尊、骄傲、安全、其他积极的自我评估等。

社会规范在个体化时，通常被称为主观的（subjective）（例如Ajzen和Fishbein的计划行为理论中的主观规范）或者是感知到的社会规范（perceived social norm）（Schwartz and Howard，1982）。社会规范的"社会"二字表达了规范是基于群体的期望，惩罚与奖励也是由群体施加的。因此，个人遵从社会规范通常被认为是由于真实的或是想象的社会压力（Ajzen，1988）。Cialdini等（1990）进一步指出，社会规范分为反映大多数人赞同或者不赞同的规范，称为强制性规范（injunctive norm）以及大多数人实际是如何做得规范，被称为描述性规范（descriptive norm）。

2.3.2 描述性规范与强制性规范相关理论

社会规范（人们持有的其他大多数人如何做的或期望自己如何做的信念）对行为有着深远的影响（Cialdini and Trost，1998）。心理学的研究证明规范对人们的行为有着广泛的影响，人们或者出于不想被其他人评判、不想受到关注而选择从众。人们在模糊的不确定的环境中，更容易受到"其他人是如何做的"等规范类信息的影响（Griskevicius，Cialdini and Goldstein，2008）。下面将介绍社会规范的几个重要理论，并对应用社会规范在生态消费行为领域的研究进行总结和述评。

1. 规范聚焦理论（Norm Focus Theory）

为了更好地预测规范在什么情况下影响人们的行为，Cialdini和他的同事创立了规范的聚焦理论（Cialdini，1990）。规范聚焦理论的核心思想是规范并非随时对人们的行为起到影响作用，当规范在个人的意识中被激活的时候，才可能强有力的影响到人们的行为。即只有人们意识到了规范，规范才能够影响人们的行为。社会规范对行为的影响程度取决于人们对规范的注意程度。在聚焦理论中，Cialdini和他的同事进一步指出，社会规范在具体的使用中不只有一个意思，它可以是反映大多数人赞同或者不赞同的准则与标准（如，你不应该乱扔垃圾）也可以是指大多数人在某种情境下是如何做的（如，大多数人实际上都乱扔垃圾）。Cialdini 等将前一种规范的类型称为命令性的规范或者强制性的规范（injunctive norm），后一种类型的规范被称为描述性的规范（descriptive norm）。然而，哪种规范直接影响人们的行为取决于人们对该规范的关注，即聚焦（focus）到哪一种规范上。

Cialdini（1990）用实验来验证这个假设。他们在学生宿舍的信箱里放一些广告宣传单，然后事先安排三个不同的环境：一是干净清洁的环境，二是在干净清洁的环境中放置一个西瓜皮（之所以选择西瓜皮是因为它足够明显，并且不会像香蕉皮对学生造成伤害），三是在一个环境里随便丢弃了不同类的垃圾。实验者观察在三种情景下，学生看到信箱里的宣传单后是否会将宣传单丢弃。实验结果显示，在干净清洁的环境中，学生丢垃圾的比例占 10.7%，在地上有丢弃的西瓜皮的环境中，丢弃垃圾的比例占到了 3.6%，而在垃圾随处丢弃的脏乱环境中，乱丢垃圾的比例占到 26.7%。研究者指出，在放置西瓜皮的环境中丢垃圾的百分比小于完全清洁的环境是值得关注的。因为其他因素很难解释这种现象的出现。Cialdini（1990）指出，西瓜皮起到了将被试者的注意力集中到描述性规范上的作用，并最终影响人们的行为。然而，这个研究具有局限性，在于实验只涉及描述性的规范。

后续的研究进一步验证了在描述性规范与强制性规范不一致的情况下聚焦的作用。Reno 和他的同事做了相关的实验来验证该情境下聚焦的作用（Reno，1993，实验1）。从图书馆回到停车场的学生会经过一个事先安排好的实验者，他在实验中会丢弃一个纸袋，或者拾起一个纸袋，或者只是路过。实验的环境也被操纵成两类情况：一种是干净清洁的，另外一种是脏乱的、布满垃圾的。像西瓜皮一样，丢垃圾的行为旨在激起参与者对环境中清洁情况的关注（在该情景中丢垃圾的描述性规范）。而捡起垃圾的行为旨在使人们聚焦在强制性的规范上（即人们通常不赞同在公共场所乱丢垃圾，乱丢垃圾的行为是不被赞同的）。实验结果表明，聚焦在描述性规范的时候（即路人丢弃纸袋），清洁环境中丢垃圾的比例更小。而聚焦在强制性规范的时候，在清洁环境中丢垃圾的比例大于在脏乱环境中丢垃圾的比例。Reno（1993）认为，当被试者的注意力聚焦在强制性规范上，描述性规范所传递的信息的影响被削弱了。描述性规范的作用只有在环境已经是清洁的情况下起作用，而强制性规范不管在清洁的环境还是脏乱的环境中都能够影响人们的行为。

规范聚焦理论的贡献在于将社会规范区分为描述性规范与强制性规范，并指出人们受规范的影响作用取决于人们对规范的关注程度。但是研究者对描述性规范与强制性规范影响行为的机制却不清晰。Cialdini 和同事（cialdini，2003；Cialdini et al.，2007）最近的研究发现，描述性规范与强制性规范通过不同的路径影响人们的行为。他们指出，人们聚焦在描述性规范上并不需要通过精细的认知路径，因为应用"大多数人如何做，我也应该这么做"只是基于对他人行为的简单观察。而强制性规范需要更多的认知过程，因为强制性规范是基于对文化道德规则的理解，即其他人可能会赞同什么。

Nolan 等（2008）的研究发现，对于他人的影响，人们往往是没有察觉的。当让人们回答哪一个动机对人们的节能行为更重要的时候，"其他人正在这样做"被排在保护环境、节约能源之后。回答者指出"其他人在节约能源"这个理由对他们节约能源最不重要。在回答问题时，人们认为自己节约能源是为了"保护环境"或者"使孩子们有个更美好的未来"，但是他们很少会认为其他人的行为会对自己节约能源产生影响。然而，相关分析表明，能源的节约行为受到"他人在节约"行为的影响最大。作者后续的田野实验也证明，带有他人参与的规范类信息相比于"爱护环境""为了孩子美好的明天"对居民节能行为的影响最大。

大多数的研究指出，观察他人的行为对社会规范的影响并不是必要的。通过书面传递一种描述类的信息，例如大多数人在某个特定情境下都是如何做的，能够有效促进人们的从众行为（Parks，Sanna and Berel，2001；Von Borgstede，Dahlstrand and Biel，1999）。

Schultz（1999）发现，提供给人们关于他的邻居的回收利用量就能够有效提高人们的回收再利用行为。同样，在酒店的情景中放置"住这个房间的75%的客人重复使用毛巾"的信息也增加了毛巾的使用率（Goldstein et al.，2008）。

2. Bicchieri 的社会规范理论

学者们指出，理性行为理论与计划行为理论过度强调了社会影响的强制性方面，而没有能够全面地理解群体间规范作用的过程（Carrus，Nenci and Caddeo，2009；Nenci，Carrus，Caddeo and Meloni，2008）。Bicchieri（2006）指出，社会规范是适用于某一种情境或一类情境的行为规则。人们会在一定的条件下选择遵从社会规范。他指出人们从倾向于遵守规则到实际遵守取决于下面两个条件：①个人认为在这种情境下有足够多的他人会遵守规则；②足够多的他人期待他/她遵守规则。Bicchieri 的社会规范理论强调了描述性规范的作用，即首先要有足够多的他人会遵从社会规范。

描述性规范对人们行为的影响作用得到了越来越多学者的关注（Goldstein et al.，2008）。研究表明，描述性规范在很多情境下影响人们的许多行为。在许多研究中，描述性规范在强制性规范之外有效地预测了行为的意愿，提高了模型的解释力度（Povey，Conner，Sparks，James and Shepherd，2000）。Rivis 和 Sheeran（2003）在对描述性规范的元分析中发现，描述性规范解释了额外 5% 的行为意愿的差异。而且，描述性规范的 β 值（$\beta = 0.24$）比强制性规范的 β 值（$\beta = 0.16$）更高。描述性规范包括在计划行为理论中得到了实证研究的证实。

2.3.3 描述性规范对行为的影响机制研究述评

规范聚焦理论解释了只有当人们的注意力聚焦到社会规范的时候，规范才影响人们的行为，并指出规范的影响作用取决于人们对规范的关注程度。当描述性规范与强制性规范不一致的时候，哪种规范对人们的行为起作用，取决于人们注意到哪一种规范。Nolan 等（2008）学者得出相反的结论，他们指出，人们即使没有察觉到社会规范或他人的影响，社会规范依然会对人们产生影响，这种影响可能是潜移默化的。研究表明社会规范对人们的影响并不需要观察他人的行为，可能只是带有描述性规范的信息及足以起到影响行为的效果。Chartrand 和 Bargh（1999）的研究发现，人们总是经常无意识地模仿别人的动作。

学者们的研究虽然证实了社会规范对行为的作用，但是对于社会规范通过何种机制，在哪种情况下影响人们的行为，现有的研究却没有给出清晰的答案。

在本小节中，将对学者们在社会规范影响机制方面的研究成果作总结和综述，并提出现有研究的不足和本文试图弥补的空白。

对描述性规范与行为之间的潜在机制进行系统研究的学者是 Rimal 和 Real。他们指出描述性规范主要通过三个机制影响人们的行为意愿，一是强制性规范，二是结果预期，三是群体认同。尽管强制性规范、结果预期与群体认同能够直接影响行为，但是 Rimal 和 Real（2003）认为它们在规范干预策略中的主要应用在于增强了描述性规范对行为的影响。因此，在该模型中三个规范机制被假设为影响描述性规范与行为之间的关系的调节变量。

1. 结果预期

结果预期是指对行为所获得利益与付出的评估（Rogers，1975）。在有些模型中结果预期直接影响行为，但是在 Rimal 和 Real 的规范行为理论的模型中，结果预期是作为规范与行为之间的调节变量的。TSNB 模型预测当行为被认为是普遍的时候，并且行为被认为能够导致明显的利益，个人就会更愿意参与到该行为中（Rimal and Real，2003，2005）。即行为如果对自我的益处较大，人们更容易跟从他人的行为，受到他人的影响。或者当人们得知其他人参与该行为，并且其他人能够从参与该行为中获益，那么他们也愿意参与到该行为中。

2. 群体社会认同

群体社会认同反映了一个人对参照群体或者规范信息所传达的群体的认同程度，个人对群体越认同，就越可能遵从规范信息。一些研究支持参照群体的规范类信息对于实际行为或行为意愿的影响（Hogg，2003；Lapinski et al.，2007；Smith and Louis，2008）。如果个体不认同该群体，那么个体非但不会跟随该群体的行为，还可能表现出完全相反的行为（Costa and Kahn，2010）。

3. 强制性规范

当描述性规范与强制性规范一致的时候，即当消费者感觉到行为是社会赞同的，同时大多数人也是如此做的时候，人们参与行为的动机越强（Rimal and Real，2005）。在对节约能源的研究中，学者们发现感知到高的群体参与率（描述性规范）与高的群体赞同（强制性规范）的消费者参与节约能源的积极性最高（Schultz, Khazian and Zaleski, 2008; Göckeritz et al., 2010）。

Schultz（2007）和同事的研究指出，描述性规范并不总是能够促进相应的行为，在一项关于家庭能源节约的田野调查中，他们发现，描述性规范类的信息是否有效取决于接受信息的家庭是否已经消费很少或很高。当家庭消费低于所给予的平均居民用电水平时，这些家庭往往提高了电的使用量。这种效应被称为自食其果效应（boomerang effect）。而当描述性规范与强制性规范的信息一同传递给消费者时，这种自食其果效应（boomerang effect）减弱了。此项研究对描述性规范类信息的有时不成功提供了一种解释，同时指出如果要使规范类的信息达到最佳效果，这些说服信息需要被谨慎地定制化。

Goldstein 等（2007）研究发现，强制性规范的信息能够增强描述性规范信息的效果。在研究规范信息对环保行为的影响时发现，不带有强制性与描述性规范的信息对环保行为的影响最小，其他三个带有强制性的信息（为了环境，为了下一代，和大家一起努力）对行为的促进作用更大，而带有强制性规范与描述性规范的信息如"请您和大家一起努力保护环境，75%的客人参与了毛巾的重复使用"对重复使用毛巾的行为促进最大。

除了强制性规范、结果预期以及群体认同会影响到描述性规范与行为之间的关系，学者们的研究发现，个人的卷入度（personal involvement）、个人的道德规范（personal norm）、精细化水平（Elaboration）等也都能调节描述性规范与行为之间的关系。个人卷入度可以指个体对某个问题是否有着比较鲜明的态度。Göckeritz 等（2010）的研究发现，描述性规范对于在事件中卷入度比较低的消费者的影响更大。精细可能化模型可以解释这种效应，可能是因为当人们对某个问题并没有预先的判断和看法时，更容易被边缘性的信息（大家是如何做的）而不是理性的信息说服。Kredentser 等（2012）的研究得出了相同的结论，他们发现精细化水平能够对描述性规范与行为的关系起到调节作用。研究表明在低精细化水平条件下的描述性信息更容易成功，而高精细化水平的强制性信息更容易影响人们的行为。Melnyk, Herpen, Fischer and Van（2011）的研究发现了认知负载对描述性规范与强制性规范的不同作用。认知负载增强了描述性规范的效用，但是减弱了强制性规范的效用。有证据表明个人的道德规范能够起到调节作用。Smith 和 Masser（2012）的研究发现，激发人们当志愿者的道德规范增强了人们当志愿者的意愿，抑制了人们跟从描述性规范的意愿。

从对现有的研究的总结与综述中我们发现，对描述性规范与行为之间的作用机制的研究还相对较少。学者们主要从以下几个视角探讨社会规范对行为的影响：

（1）从行为与个体之间的关系角度进行研究。Rimal（2003）发现，相比于行为的结果是利己还是利他，当行为对个体有益时，人们越可能受到描述性规范的影响。Göckeritz 等（2010）提出了个体卷入度概念。他们发现，当个体对行为的卷入度较低时，更容易受到他人的影响。

（2）从个体与群体的关系角度分析。Rimal 和 Real（2005）提出个体对群体越认同时，个体越可能遵从规范信息。

（3）从个体的认知路径角度研究。学者们发现精细化水平和认知负载能够调节描述性规范与强制性规范对行为的影响。

社会规范包括强制性规范与描述性规范在生态消费行为中的作用得到了一些研究的证实（Goldstein, Griskevicius and Cialdini, 2007；Mair and Bergin-Seers, 2010）。然而很少的研究聚焦在解释规范与行为之间的潜在的认知机制。到目前为止只有 Rimal, Smith 和 Louis、Göckeritz、Masser 等少数几位学者深入探讨了描述性规范对行为的影响机制以及哪些因素能够增强描述性规范对行为的影响；Melnyk、Herpen、Fischer 和 Van、Jacobson、Cialdini 等少数几位学者探讨了强制性规范与描述性规范不同的作用机制。Rimal（2005）指出规范的影响可能通过像从众一样的过程（Asch, 1952），也可能涉及理性的认知构念（Ajzen and Fishbein, 1980）。总之，规范对行为的影响过程与机制依然是不明确的，需要继续讨论与探索。在表 2-3 中列举了生态消费领域社会规范的相关实证研究。

表2-3 生态消费领域社会规范的相关实证研究

作者（年份）	研究发现	生态消费行为
Schultz（1999）	作者通过实验验证了关于个人以及他人信息的反馈对回收再利用行为的影响。他将被试者分为五组，分别给予不同的刺激：第一组给予关于回收再利用的要求；第二组给予要求和如何回收再利用的信息；第三组给予要求和关于邻居行为的反馈信息；第四组给予要求和个人行为的反馈；第五组控制组，没有施加任何刺激。研究结果发现，要求加个人反馈信息与要求加邻居行为反馈信息的组，回收再利用行为显著增加。而且实验结束后，要求加邻居反馈信息的组回收再利用行为一直保持实验时的较高水平	回收再利用行为（recycle）
Cialdini et al.（1990）	Cialdini等将前一种规范的类型称为命令性规范或者强制性规范（injunctive norm），后一种类型的规范被称为描述性规范（descriptive norm）。然而，哪种规范直接影响人们的行为取决于人们对该规范的关注度，即聚焦（focus）到哪一种规范上	乱丢垃圾行为
Goldstein, Griskevicius and Cialdini（2007）	带有描述性规范概念的诉求令酒店毛巾重复使用的参与率增加了50%	酒店毛巾的重复使用行为
Goldstein, Cialdini and Griskevicius（2008）	描述性规范比标准的环保信息更有效。与被试者在空间距离较近的人的行为对被试者的毛巾重复使用行为的影响更大	
Thøgersen（2008）	强制性规范与描述性规范同时促进如回收再利用、购买环境有益的产品或者其他方式的环境负责行为。而且，强制性规范与描述性规范之间存在正向的互动作用，它们的综合作用大于二者分别作用之和	环境负责行为
Croson, Handy and Shang（2009）	描述性社会规范积极促进人们的慈善捐助行为，认为其他人捐钱较多的人们倾向于捐助得更多	慈善捐助

续表

作者（年份）	研究发现	生态消费行为
Mair and Bergin-Seers（2010）	实验分成四组，分别给予不同的关于酒店客人重复使用毛巾的信息，第一组给予要求与信息，第二组只给予要求，第三组给予他人行为的反馈，第四组给予奖励刺激。研究结果发现，给予信息与要求组和要求与他人行为反馈组毛巾重复使用率最高（87.5%），而给予奖励刺激的最低（76.5%）	澳大利亚汽车旅馆旅客的环保行为
Melnyk, Herpen, Fischer and Van（2011）	认知负载限制规范的形成。同时，认知负载增强了描述性规范的效用，但是减弱了强制性规范的效用。研究人员需要考虑社会规范被宣传的情境与渠道	
Jacobson, Mortensen and Cialdini（2011）	描述性规范、强制性规范相关的目标是不同的，描述性规范与准确或者有效的决策有关，而强制性规范与获得社会认可有关。强制性规范导致更多的人际相关的自我意识，比描述性规范感受到更多的群体一致性的冲突。自我规范的减少降低了与强制性规范的一致，但是却增加了与描述性规范的一致性	描述性规范与强制性规范的影响机制对比

2.4 消费者有效性感知

2.4.1 消费者有效性感知（PCE）定义

PCE 的概念，最早由 Kinnear 等（1974）在对关注生态的消费者的研究中首先提出，他们将 PCE 定义为个人认为一个消费者可以有效地减轻污染的程度。他发现当消费者感觉到他们在减少环境污染中起到的作用越来越大时，他们对环境问题的关注越多。

随后的研究中，学者们将 PCE 的构念与其他的构念如消费改变感知（Antil，1984；All，1982；Webster，1975）环境忧虑（Allen and Dillon，1979）和责任（Seligman et al.，1979）结合在一起，PCE 也渐渐失去了原来的含义。Allen（1982）认为 PCE 是从感知个人行为能否帮助解决某一问题发展而来的自我概念类的变量。"我是一个采取行动改变环境的人"代表了 PCE 的核心和自我感知过程的输出，因此，Allen（1982）在 Kinnear 提出的 PCE 的概念的基础上，加入了衡量消费者对消费中的改变的自我觉察（perceived change in consumption，PCC）的概念。后续的研究者认为，将 PCE 与其他的构念结合而成的定义会导致人们不能很好理解 PCE 的作用，得出误导性的结论（Ellen，1991）。后来的学者重新使用由 Kinnear 等（1974）提出的最初的概念，如 Ellen 等（1991）将 PCE 定义为个人可以通过努力在某个问题的解决上起作用的一种具体领域的信念。后来的学者大都沿用 Ellen（1991）提出的定义。消费者有效性感知的定义与量表见表 2-4。

表 2-4 消费者有效性感知（PCE）的定义与量表

作者（年份）	定义	量表
Kinnear et al.（1974）	原始的 PCE 概念	对于个体消费者来说，试图解决污染问题的任何行动都是无效的
Webster（1975）	原始的 PCE 和 PCC	对于个体消费者来说，试图解决污染问题的任何行动都是无效的（PCE） 当我购买产品的时候，我试着考虑如何使用它们会影响到环境和其他的消费者（PCC）
Allen, Calantone, Schewe（1982）	原始的 PCE 和环境关注（concern）PCC	作为消费者我的行为会对国家的能源问题产生影响 为了解决国家的能源问题，社会中的每一个人将必须减少能源的使用量 能源危机真的不是我的问题，因为我没什么可做的 只要其他人被允许继续浪费能源，我就不准备减少能源的使用量 我并不真正关心国家的能源危机 节约能源对国家来说是好事 当我买产品的时候，我很少会考虑到我如何使用它们会为减轻国家的能源危机做贡献（PCC） 为了国家的能源问题，我已经改变了我购买和使用产品的方式（PCC）
Ellen（1991）	原始的 PCE	对于保护环境，个人没有什么可做的 只要其他人拒绝保护环境，个人的环保努力就是没有用的

续表

作者（年份）	定义	量表
Berger and Corbin（1992）Lord and Putrevu（1998）	原始的 PCE	对于环境问题，我不认为我有足够的知识可以做出很好的决策 对于像环境这样的大问题，我个人感觉到很无助

2.4.2 消费者有效性感知对生态消费行为的影响

学者们的实证研究证明了消费者感知有效性在生态消费行为中起到了重要的影响作用。但是学者们对于 PCE 是如何、通过何种机制影响生态消费行为的存在着争议。最开始，学者们将 PCE 视为态度类的概念，研究与其他态度的变量之间的关系，或者研究态度与总体生态消费行为之间的关系（Kinnear, Taylor and Ahmed 1974；Webster, 1975；Allen, 1982）。

Kinnear, Taylor 和 Ahmed（1974）最早在"生态关注消费者，他们是谁？"一文中第一次提出了 PCE 的概念。Kinnear 认为生态关注（ecological concern）包括两个维度：一是消费者的态度要表现出对生态的关注，二是他的购买行为与生态系统的维持相一致。Kinnear 等用社会经济变量、个性变量以及消费者有效性感知来研究生态关注消费者的特征。他们发现，部分个性变量和消费者有效性感知（PCE）能够显著影响消费者的生态关注水平。有效性感知水平越高的消费者对生态关注越多。

Webster（1975）认为社会关注型消费者（socially conscious consumers）是那些考虑到自己的私下和公众消费行为对社会的影响，并试图通过自己的购买能力带来社会改变的人。他将 PCE 与社会责任指标、对大企业能力的感知（perceived power of big business）作为态度变量来研究它们对生态消费行为的影响。结果发现，PCE 是唯一一个对社会关注消费行为、回收再利用行为与负责任的社会行为指标三个因变量都显著影响的因素。一些学者调查了 PCE 对广泛的亲环境行为的影响。Roberts（1996）发现，人口统计变量只能解释 ECCB 的 6% 的方差，而消费者认为个人可以帮助解决环境问题的有效性感知（PCE）是 ECCB 的最佳预测变量，能够解释

ECCB 方差的 33%。

后来的研究学者如 Ellen（1991）、Berger 和 Corbin（1992）等认为，PCE 与态度作为两个独立的变量时更有效。Ellen 指出，如果 PCE 仅仅被看作是 Concern 或者态度的一部分，那么它的效用可能会被低估，甚至可能是无效的。因为许多研究都报告人们对某一问题的大体的态度与实施行为的意愿关系微弱（Crosby and Taylor，1986）。而且将 PCE 用来预测所有的生态消费行为（生态消费行为作为整体被考察）会导致它的作用被低估或者高估。正如此时期的计划行为理论指出，对具体行为的预测需要测量针对相应的行为的态度。Ellen 考察 PCE 对不同的行为的影响。她的研究结果发现，PCE 对单纯反映个人行为的绿色产品购买、回收利用、对环境保护组织做贡献这三个行为有显著的影响，而对其他集体参与的行为，如成为环保组织会员、与政府官员沟通、参与政府听证会等行为的效用不显著。她指出后面这些行为的效果的推测需要考虑集体的因素而不是个人的有效性，所以结果也就不出人意料了。

然而后来的研究者如 Lee 和 Holden（1999）却得出不同的结论。他将生态消费行为分成高成本和低成本的行为。他们发现 PCE 正向并显著影响高成本的生态消费行为（如成为环保组织的成员、捐款、给政府写信、参与有关环境的听证会等），而与低成本的生态消费行为（如寻找带有可降解的包装的产品、拼车和回收行为等）不相关。他们解释道，可能由于当人们觉得行为的成本很低的时候，行为的相关益处也不会很高，因此，低成本的行为可能不会受到有效性感知的影响。

Berger 和 Corbin（1992）在 Ellen 的研究基础上进一步指出，PCE 是独立于态度的变量，它可以不仅仅预测行为，同时也可能调节其他变量与行为的关系，尤其是态度与行为之间的关系。态度是对某个问题或事件的整体评估，而消费者有效性感知则是对个人通过消费活动对解决这一问题的贡献的评估。Berger 和 Corbin（1982）调查了 1989 个加拿大居民后发现，PCE 是环境态度与消费行为的关系的重要调节变量。不管是态度是否预测个人的行为还是行为对态度变化的敏感度，都显著受到 PCE 的影响。当 PCE 高的时候，人们对环保的积极态度更容易转变为实际的行为，而当 PCE 低的时候，人们即使对环境保护有着积极的态度，却不愿意履行相应的行为。Berger 和 Corbin 指出，当人群中真正感觉自己的行为是有效的消费者占比很小的时候，大规模的个人消费行为的改变是不可能的。表 2-5 总结了消费者有效性感知在生态消费领域的相关研究。

表 2-5 消费者有效性感知（PCE）对生态消费的实证研究

作者（年份）	构念间关系	研究结果
Kinnear et al.（1974）	PCE→生态关注（ecological concern）	PCE 越高，人们对生态的关注水平就越高
Obermiller（1995） Kim and Choi（2003） Kim and Choi（2005）	PCE→环境态度	PCE 正向影响环境态度
Vermeir and Verbeke（2008）	PCE→购买有机乳制品的意愿	PCE 正向影响购买意愿
Balderjahn（1988）	PCE→节约能源 →购买非污染环境产品 →家庭保温 →加入环保组织 →生态驾驶	PCE 对节约能源、购买非污染环境的产品的影响得到了支持，但是 PCE 对加入环保组织、生态驾驶以及家庭安装保温材料的影响没有得到支持
Ellen et al.（1991）	PCE→购买环境安全食品 →回收报纸 →为环保群体捐款 →给政府官员写信或打电话 →参加关于环保的听证会 →对环境关注	研究结果发现 PCE 对单纯反映个人行为的绿色产品购买、回收利用、对环境保护组织做贡献这三个行为有显著的影响，而对其他集体参与的行为如成为环保组织会员、与政府官员沟通、参与政府听证会等行为的效用不显著
Webster（1975）	PCE→社会关注消费行为 →回收再利用行为 →负责任的社会行为	结果发现，PCE 是唯一一个对社会关注消费行为、回收再利用行为与负责任的社会行为指标三个因变量都显著影响的因素

续表

作者（年份）	构念间关系	研究结果
Roberts (1996)	PCE→有生态意识的消费行为（Ecologically conscious consumer behavior）	PCE 是 ECCB 的最佳预测变量，能够解释 ECCB 方差的 33%
Choi and Kim (2005)	PCE→绿色购买行为	PCE 正向影响绿色购买行为
Jonas Nilsson (2008)	PCE→社会负责任的投资行为	PCE 正向影响社会负责任的投资行为
Oliver and Rosen (2010)	PCE→购买混合动力汽车的意愿	作者根据 PCE 和环境价值观将消费者分为五个类别，结果发现，具有不同 PCE 水平的消费者群体对混合动力汽车的购买意愿不同。

2.4.3 影响消费者有效性感知的因素

PCE 对生态消费的影响起到重要的作用，Roberts（1996）认为，PCE 甚至是预测生态消费行为的最有影响力的变量。人们如果感觉到自己的努力对解决问题越有效就越会投入其中。因此，对影响 PCE 的因素以及发展克服负面的 PCE 的战略的研究就非常重要。关于 PCE 的影响因素，已有不少学者进行了研究，归纳起来主要涉及三个方面，即性别、诉求方式以及反馈。

1. 性别

性别对感知有效性有着显著的影响。女性相比男性有着更高的感知有效性（Lee et al. 2010；Zuraidah et al. 2012）。Lee 等（2010）在研究中发现，男性与女性的自我效能并没有显著差异，但女性的 PCE 要显著高于男性。Zuraidah 等（2012）在研究马来西亚男女消费者在生态消费行为、生态关注以及消费者感知有效性方面的差异发现，相比于生态关注（ecological concern），男女两性在消费者感知有效性上的差异更大。

社会角色差异导致的不同心理特征和价值取向可能是造成男女两性在消费者感知有效性上的差异的原因。社会角色理论指出，两性在社会中有不同的角色，社会对两性有着不同的期望。男性的角色包括鼓励竞争和侵略，而女性的角色排斥侵略，同时强调避免和他人的冲突（Eagly and Steffen, 1986）。相比于男性，女性在社会化的过程中形成了强调关心、同情、与人合作、奉献、自我牺牲的特征（Gilligan, 1982）。另外，有些学者从价值取向的角度指出，相比男性，女性表现出更强烈的生物导向（即强调环境和生态的价值观）。

2. 诉求方式

PCE 是人们对某个行为对结果是否有效的一种判断。人们通常基于他们的知识、经验与外在的信息刺激对某事物做出判断或者决定（Ellen, 1991）。人们做选择判断的时候一般从两方面获得信息，内部与外部。内部的信息来自个体的记忆与经验，外部的信息来自主动搜寻外在的信息源，如书籍、报纸等或者被动接受到的信息，如电视中的广告、街边有趣的海报等。学者们广泛研究了诉求方式对 PCE 的影响。

（1）好宝宝诉求与病宝宝诉求对 PCE 的影响

Fine（1990）用"病宝宝"（sick baby）来形容社会营销中最通常的方法，那就是强调问题的严重性。基于人们会对重要的问题投入更多精力，这种诉求的目的就是用来说服观众关注这个问题。但是 Fine（1990）怀疑这种强调问题严重性的方法是否能使问题看起来是解决不了的。他提出了一种替代的方法，"好宝宝"诉求（the well baby appeal），这种诉求的核心是对个人行动和潜在效果的肯定。比如，宝宝生病了，但是你可以使他康复。"病宝宝"的诉求增加人们对问题的关注，而"好宝宝"的诉求增强人们可以通过做点什么来解决问题的信念。Carl Obermiller（1995）在节约用水与回收再利用两个实验中，证明"好宝宝"的诉求方式会增强人们的 PCE，从而影响人们的环境友好行为。

（2）基于自我感知战略的诉求方式对 PCE 的影响

对于 PCE，Scott（1977）观察到，通过传统的说服信息很难改变这样一个基本的感知变量。Allen（1982）认为，基于自我感知理论的说服方式可能会改变像 PCE 这样的感知变量。相对于传统的说服手段，归因信息等基于自我感知理论的说服方式能够更好地改变人们的基本感知。Miller、Brickman 和 Bolen（1975）证明了归因类的信息，比如向同学们传达"我们的教室很干净""你在数学考试中表现得很出色"对改变学生扔垃圾的行为与数学成绩的提高更有效。

基于自我感知战略的特点是在人们形成关于自己的信念时给人们一些线索。Allen（1982）认为，当应用这些归因或者标签性的信息时，属于个人的特质或个人过去的行为就被贴上标签成为影响自我感知形成的线索与手段。Allen（1982）比较了说服性的诉求、归因类的诉求、功能性的诉求与没有诉求对 PCE 的影响。说服性的诉求指出人们的行为可以解决资源匮乏的问题，人们需要对节约资源更加关注；归因类的诉求说美国消费者都是非常愿意参与到资源的节约活动中的；功能性诉求强调人们节约行为的经济利益。研究结果发现，说服性与归因类的诉求会增强 PCE，其中归因类对 PCE 的增强更为有力。

3. 反馈

班杜拉认为个人有两类学习方式：一是通过自己行为的结果来学习，他们可能会增强导致积极结果的行为，这也被称为经验型的学习。二是人们也可以通过观察别人的行为来避免不必要的错误。一些行为科学家将反馈视为控制学习和表现的关键因素。反馈对环保行为有重要的影响（Cook and Berrenberg, 1981），即使最简单的反馈也能起到有力的作用（Winett and Kagel, 1984）。反馈可以填补消费者对自己资源消费水平的相关知识的空白，并且能够促进、奖励、引导消费者实现节约资源的行为。正面和负面的反馈能够帮助人们真实评估自己并调整行为（Higgins, 1987）。除此之外，人们寻求反馈来增加或者维持他们对自己的积极看法（Russo, Meloy and Medvec, 1998; Tormala and petty, 2004）。Lord 和 Putrevu（1998）通过对一个城市回收再利用计划的反馈信息的操纵检验了正反馈信息与负反馈信息对 PCE 的影响，获得正面反馈信息的居民 PCE 更高，对回收再利用的积极性也更高。Hutton、Mauser 和 Ahtola（1986）也指出为了促进生态消费活动应该提供有规律的反馈，通过强调成功而不是失败来告诉消费者他们的行为可以对现状有所改变。但是 Finkelstein 和 Fishbach（2012）进一步研究了新手与专家两类人在对正负反馈的态度，结果发现新手倾向于寻求并对积极的反馈回应，而专家则倾向于寻求负面的反馈，并对其做出回应。反馈通过帮助消费者学习的功能，减少对行为结果的不确定性，了解行为对资源的消耗从而提高感知有效性。而且通过反馈，节约能源的行为被不断地激发，人们通过行为对自己进行再认知，从而提高感知有效性，即使反馈停止，人们的节能意识依然会得到保持。

2.5 消费者公平感知

公平感知与两难情境中人们行为的关系很早就受到学者们的关注（Dawes，1980），但是直到现在社会两难中的合作行为与公平问题依然被不同的学者们单独研究。然而探究二者关系的已有研究揭示了两个重要的结论：一是研究证明公平感知与两难困境中的合作行为是高度相关的；二是学者指出即使在相同的两难情境下，人们的公平感知也是因人而异的。生态消费行为也是大规模的两难问题，人们的生态消费意愿是否会受到公平感知的影响，除了个体差异之外，还有哪些因素能够影响人们的公平感知？本节通过对公平理论以及公平与两难情境中选择合作的关系的梳理，厘清公平感知的内涵，并为后文提出的假设提供理论依据。

2.5.1 公平感知的相关理论与定义

公平感是人们对是否公平的一种主观感知与判断。随着理论与实践的发展，对于公平的内涵与外延也在不断地丰富，本节通过对几个有关公平的经典理论的回顾，厘清在本文中所指的公平感的主要含义。

1. 社会理论起源于社会交换理论

Homans（1958）是最先提出社会交换思想的学者，在他看来，社会交换是社会生活的基础。社会交换理论奠定了公平的理论基础。Homans采纳了部分功利主义的思想，他认为对人的行为的经济学解释可以在修改后解释人们的社会行为（侯玉波，2007）。Homans（1958）提出了社会交换理论的一些原则：①人并不总是追求最大利润，但当人们与他人交往的时候，总是想要试图获得一些好处；②人并非总是理性的，但是在社会交往中的确要核算成本与收益；③人并不具备可供选择的完备信息，但人们知道有些信息是评价成本与收益的基础；④在社会生活中，经济交换只是人们普遍交换关系的特例；⑤人们在交换中不仅追求物质目标，同时也交换非物质的东西，如情感与服务。Homans认为人类愿意持续做某种行为是因为这些行为所获得的报酬要大于付出的成本。在人际交往中，人们会看重人际关系里所获得的报酬与付出的成本。

2. 公平理论（社会比较理论）的出现

美国心理学家约翰·亚当斯于 1965 年提出公平理论（equity theory），该理论又被称为社会比较理论。理论主要研究人的动机和知觉关系的一种激励理论。公平理论认为，人们不仅看重报酬是否超过成本，同时，人们也会横向比较他人所获得的报酬与成本的关系。公平理论有两个假设条件：一是个体会评估他的社会关系，所谓社会关系是个体在付出或投资时所希望获得的某种回报。二是个体并不是无中生有地评估公平，而是将自己的境况与别人相比较，以此来判断自己的状况是否公平。当一个人取得了成绩获得报酬之后，他不仅关心自己的报酬的绝对数量，同时还关心自己所得报酬的相对数量。相对数量的多少通过比较得出。比较有两种形式：一是横向比较，二是纵向比较。横向比较，即一个人将自己的报酬与自己投入的比值，与其他人的报酬与投入的比值相比较，当比值相等时，他会觉得公平。纵向比较，即一个人将目前投入的努力与目前所得到的报酬的比值同自己过去投入的努力与所获得报酬的比值进行比较，相等时则觉得公平。约翰·亚当斯认为，当员工通过比较自己与他人的结果/投入比率之后，如果比率相等，员工会产生公平感，心情舒畅，主动多做工作，如果觉得不公平，则会心情沮丧，消极怠工。其他研究则证实在不同的情境下（例如工作和家庭），不同的组织目标（例如群体的和谐与生产效率的追求）能够激发不同的分配标准。

3. 公平维度的扩展

约翰·亚当斯的公平理论中的公平主要是指结果的公平。后来的学者 Thibaut 和 Walker（1975）在约翰·亚当斯的基础上提出了程序公平的概念。Thibaut 和 Walker（1975）的研究主要集中在法律领域，他们研究不同的司法审判程序如何影响诉讼者对审判结果的满意度，及对审判过程的公正感知。他们指出，诉讼者如果感觉自己对审判过程拥有一定的控制，他们就会觉得程序是公平的。Leventhal（1980）和他的同事进一步将程序公平的概念引入到组织领域，进一步扩大了程序公平的概念内涵。学者 Bies 和 Moag（1986）提出了交互公平的概念，进一步推进了公平的研究。交互公平是指实施过程中人们受到对待的质量。交互公平有两类：一是人际公平，反映的是人们是否得到友好、尊重及礼貌地对待；二是信息公平，主要是指向人们传达为什么采取相应的程序，以及结果为什么如此分配的信息。目前对于公平的相关研究中，学者们经常将结果公平、程序公平、交互公平等作为公平的不同维度来探讨公平与相关行为的关系。

2.5.2 公平感知与社会两难情境中的合作

1. 公平与社会两难紧密相连

社会两难困境激发了人们的公平动机，而公平感知影响了人们在两难情境中的合作行为。根据社会交换理论，公平感知主要来源于人们对自己的付出与回报的比率和其他人的付出与回报比率相比是否合理。Fehr 和 Schimdt（1999）提出对不公平的厌恶理论。即相对于损失与获得，人们更加厌恶在损失方面的不公平。在两难情境中，如果每个人都充分认识到两难困境，那么所有的参与者都会理解相互的合作会使每个人的福利都增加。然而，个体同时也会认识到如果不是每个人都合作，那么自己合作的付出比所得要更大，即个体的利益受到了损失。Biel，J. Thøgersen（2007）指出，一旦人们认识到这是个两难的问题，那么关于公平贡献与分配的感知就会被激发出来，Biel，J. Thøgersen 将在两难中的公平感称为公平规范。公平感与社会两难紧密相连，人们出于公平的动机不仅仅关注自己对公共物品的投入或者资源困境中的收获行为，同时也关注他人的行为。个体行为与他人行为的对比就激发了人们的公平感知。Biel 等（1999）指出，当人们感觉到公共福利被以公平的方式分配的时候，他们更愿意作贡献。Eek 与 Biel（2003）的研究指出，不仅结果的公平会影响到人们在两难情境中的合作行为，过程的公平也会促进人们选择合作。

2. 对搭便车者（不合作者）的惩罚，有助于公平感的恢复

在社会两难的框架下，个人需要妥协并发展可接受的分配系统，即使获得的收益和发生的成本能够公平地分配。一旦这个系统建立起来，所有成员都期望其他人接受并且遵照规章制度来进行。这种分配系统会受到某些搭便车（free-ride）成员的危害。当一个人要从公共物品中索取，就应该对公共物品有一定的贡献。如果群体成员感受到在两难情境中的不公平，那些受到不公平对待的成员就会准备采取行动反抗（Messick，1995）。为了重申公平、正义，将抵抗者拉回正确的轨道，使公平与正义得以恢复，利益受到损害的合作者应该得到抵抗者的补偿。如果抵抗者（不合作者）被没收他们的所得或者补偿其他群体成员的损失，那么群体会感觉到获得了结果的公平。

3. 公平感会因人、情境、目标的不同而不同

有学者指出，即使在相同的两难情境下，人们的公平感知也是因人而异的。Fehr 和 Schmidt（1999）指出，不同的经济环境会影响人们的公平感知和合作。相比双边的情境，人们在竞争的市场中会愿意讨价还价，更在意自己的利益。在自愿合作的情境下，人们更容易变成搭便车的人。Van den Bergh 等（2006）的研究发现，对结果公平的追求与其他不同动机的结合共同影响人们的合作行为。Van den Bergh 等（2006）的研究发现，对公平感知的追求有时会超越利己主义倾向。

2.5.3 公平感知的影响因素

根据社会交换理论，公平感知主要来源于人们对自己的付出与回报的比率和其他人的付出与回报比率相比是否合理。学者 Huseman Miles（1987）在此基础上提出了公平感知度这个构念，他指出，并不是所有人对公平的判断都是一样的，对同样的境遇，人们的公平感知是不同的。他根据评判标准的不同将人群分为奉献型、公平型与索取型。奉献型的人对与他人同样的付出但是获得的回报低并不敏感，反而当别人得到比他们更少的时候，他们会觉得不安与紧张。索取型对自己与他人的回报比相当敏感，并且只有自己获得更多的时候他才会觉得公平。公平型的人希望自己与他人的付出与回报比基本相当，是典型的遵守公平理论的人。

Chhokar 等（2001）的研究指出，人们对公平的感知会受到文化规范和价值观的影响。不同国家和地区的人对公平的感知度是不一样的。他们对美国、俄罗斯、印度、英国、法国等国家的员工进行调查，发现美国、俄罗斯和印度的员工更倾向于奉献型，而英国和法国更倾向于索取型。

在组织领域对公平感的研究中，工作种类、行业类别和企业性质会影响到员工的公平感，另外组织的人力资源管理制度、招聘制度、员工培训和发展制度、绩效考评、薪酬福利以及企业文化等都会对员工的公平感产生重要的影响（孙怀平等，2007）。翁定军（2010）指出，个体所处的客观社会位置也会影响人们的公平感，社会地位越高，公平感知也越高。

2.6 自我建构

在探讨社会规范对行为的影响机制的作用时，Rimal 和 Real（2005）从个体与群体的关系视角提出群体认同能够正向调节描述性规范与行为之间的关系。Rimal 提出的群体认同主要是指对某一个具体的参照群体的认同感。因为生态消费是大规模的社会两难问题，需要社会群体成员的共同参与，因此，本节试从文化的视角探讨个人与他人的关系在社会规范与行为中起到的作用。

文化影响着人们看待周围世界的方式，影响人的行为（Kim, 2002）。在不同的社会文化背景下（美国或西方文化与亚洲或东方文化），个体对自我和他人关系的认知与理解存在明显的差异。个人主义和集体主义描述了社会整体层面的价值观，在跨国研究中经常使用。而针对从个体层面上研究自我和他人的关系，自我建构是更为合适的构念。为了更好地探讨个人与他人关系的认知在社会规范影响机制中的作用，以下将简单地介绍自我建构及其与社会规范及生态消费行为的关系。

2.6.1 自我建构的概念与类型

1. Markus 和 Kitayama 的独立自我建构与互依自我建构

Markus 和 Kitayama（1991）基于文化对个人自我体系形成的影响提出自我建构的概念。自我建构来自文化差异在个体上的体现。Markus 和 Kityama（1991）指出自我建构是个体对自我和他人信念，即个体与他人相关联的程度。

Markus 和 Kitayama（1991）提出自我建构包括两种类型：独立自我与互依自我。自我建构能够影响个人的认知、情感和动机。独立自我是基于个人主义、个人的权利以及个人脱离于社会群体的自治性，在许多西方文化中占主导地位。独立自我潜在的原则是个人与他人是分离的。为了维持和促进关于自我是独立的观点，人们需要维持与集体相脱离的感觉。相反，互依自我是基于个人是通过在集体中的角色和与群体中他人的关系而被定义的，在亚洲国家中占据主导地位。潜在的原则是个人与他人是相联系的。为了维持和促进互依自我，人们倾向于以能够强调或者增强现有关系的方式思考和行为（Cross, Bacon and Morris, 2000）。

独立自我建构的结构特征是个体强调①自我的思想、情感和能力；②独树一帜，表达自我；③努力实现个人目标；④沟通直截了当（朱丽叶、卢泰宏，2008）。独立自我取向的个体把自我看成是自主和独立的，鼓励"发现自我""表达自我"和"实现自我"，更多地受到个人偏好、需要和权利的驱动，注重从自我实现和内在特质中获取自尊（Triandis，1996）。总而言之，独立自我建构下自我概念的本质就是将个体视为独立自主的个人。

互依自我建构的结构特征是个体强调①外显特征，如地位、角色等；②从属与适应；③摆正自己的位置；④沟通间接委婉，善于察言观色（朱丽叶、卢泰宏，2008）。互依自我建构的个体更注重留意他人的感受与想法，更多受到群体社会规范和责任的驱动，往往优先考虑群体的目标，努力强调与群体的联系（Triandis，1996）。

2. Brewer 的三重自我建构

Brewer（1996）的三重自我建构是对 Markus 与 Kitayama（1991）的独立自我和互依自我建构理论的发展和延伸。三重自我建构理论认为，个体自我建构包含三个组成部分：一是个体自我（individual-self），是指从自己与他人的区别来定义与理解自我的倾向，通过人际的比较强调自身独特性，受保护个体自身利益动机的驱使。二是关系自我（relational-self），是指从自己与他人的相互关系中定义与理解自我的倾向，通过人际反馈过程获得，受保护重要他人的利益、维护与重要他人之间关系动机的驱使。三是集体自我（collective-self），是指从团体成员身份来定义与理解自我的倾向，通过自我归属和群体比较获取，受保护和提高团体利益的动机驱使（Brewer and Gardner，1996；Sedikides，2002）。

2.6.2 自我建构与生态消费行为

自我建构是个人对自我和他人关系的认知方式，是文化差异在个体层面上的影响。西方文化背景下，强调个体的独立性，鼓励发现和表达自我（Hofstede，1980）。而东方文化背景下，人们大多更看重与他人的相互依赖关系，强调自我是构成社会关系的一部分。从个体的角度来看，偏向于自我与他人相分离的独立自我与偏向于自我与他人相联系的互依自我也可以同时存在于个体的身上。

在生态消费领域，研究集体主义价值观和个人主义价值观与生态消费态度和行为的关系比较多，而从个体的角度研究自我建构的类型与生态消费意愿与行为的研究比较少。学者们的研究发现，集体主义价值观能够正向影响人们的生态消费态度和行为。

McCarty 和 Shrum（1994，2001）发现集体主义价值观对消费者的回收再利用态度和行为有积极的影响。在其他对生态消费行为的相关研究中，比如对资源的保护、生态承诺以及绿色产品的购买中发现，拥有集体主义价值观的个人更容易履行对环境保护有益的行为（Dunlap and Van Liere, 1984；Kim and Choi, 2005）。这可能是因为集体主义倾向的个人倾向于以集体为中心，行为受到群体的规范和目标的影响。集体主义倾向的个体比个人主义倾向的个体更恭敬有礼貌，是顺从的、互惠的、自我牺牲与合作的（Grimm el al., 1999）。

Cornelissen（2011）等认为在个体水平上，个人也可以同时拥有个人主义和集体主义倾向。不同的情境可能会导致一个人表现出集体主义或者个人主义的一面。Cornelissen（2011）等通过实验启动（priming）操纵自我建构，使被试者表现出个人主义或者集体主义的倾向。实验结果显示，当个人的集体主义倾向显著的时候，他们感觉到自己的行为对结果的影响更大，因此更愿意为公共事业捐款或者贡献力量。消费者有效性感知在自我建构对社会负责任的消费行为中起到中介效用。Cornelissen（2011）等解释说，集体主义倾向显著的个体更倾向于认为他人与自己相似，预期他人也会像自己一样关注环境，履行环保行为。因此，相比于个人主义倾向的个体，他们认为自己的行为产生的结果影响更大。Na Cho（2012）等使用来自韩国和美国的跨文化数据的实证研究，再一次验证了 Kim 和 Choi 以及 Cornelissen 得出的结论。水平集体主义正向影响 PCE，而垂直个人主义负向影响有效性感知。

2.6.3 自我建构与社会规范

Rimal 从个体与群体关系的视角，探讨了个体对群体的认同在规范到行为的关系中起到的作用。由于生态消费是大规模的社会问题，因此本文从文化层面探讨个人与集体的关系对社会规范—行为的影响。

已有的一些研究验证了理性行为理论在不同文化背景下对人们的影响

程度是不同的。理性行为理论指出，个体的行为一方面受到自身态度的影响，另一方面也受到来自群体压力的影响。Bagozzi（2000）等的研究对比了主观规范在不同国家的被试者中的影响程度，发现中国消费者受到主观规范的影响程度显著高于其他国家。同时，他们也发现在有他人在旁的情况下比独自一人受到主观规范的影响更大。Park 和 Levine（1999）的研究发现，主观规范和互依自我建构的关系显著，而主观规范对独立自我建构类型的被试者没有显著影响。

综上所述，现有的研究从个体对个人与他人的关系的认知角度探讨自我建构对社会规范到行为的影响还比较少，除了 Park 和 Levine（1999）。尤其缺乏自我建构对描述性规范与行为之间的关系的调节效应的研究。另外，已有的研究多是研究社会规范在何种情境下影响生态消费行为，本文试图探讨自我建构对社会规范—有效性感知，与社会规范—公平感知之间关系的影响。

2.7 信任与生态消费行为

自我建构是个体对自我与他人关系的认知。主要从个体与他人是分离还是紧密联系的角度来看待自我和他人的关系的。除了自我建构之外，信任也是连接自我与他人的重要纽带。前文指出，生态消费是多人困境问题，人们参与生态消费的行为并不会明显地暴露于他人，匿名性使得人们可以轻易搭便车而不为他人所知。那么在这种情境下，信任是否会影响人们在两难中的合作行为？前人学者得出哪些结论？信任在影响人们的生态消费行为中又起到了何种作用？本章试图通过对相关文献的总结与述评回答以上问题，并为本书的研究提供理论基础。

2.7.1 信任在两难情境中的定义

由于信任在社会生活中的重要地位，因此在心理学、社会学、经济学等研究领域都取得了相当丰富的研究成果。但是，由于学者们往往从不同的角度来研究信任，因此对信任的定义并没有达成统一的意见。有的学者认为信任是一种人际关系，有的学者认为信任是一种个人特质，还有学者认为信任是一种文化规则。本文从社会两难视角去理解生态消费问题，因此，主要总结学者们在两难情境中对信任的定义和相关实证研究。

在早期对信任在两难情境中的作用的研究中，学者们往往将信任等同于两难中的合作行为，信任与合作的衡量指标是一致的。如 Deutsch（1960）将信任定义为个体在存在风险的情景下，以某种方式行动的意愿；Hosmer（1995）将信任定义为在两难情境中的选择行为。但在后期的研究中，大量研究证实，信任与合作是两个不同的概念，信任与合作并不总是一致的。

心理学家 Rotter（1971）将信任定义为个体或群体对他人或其他群体的言语、承诺及口头书面陈述的可靠性的预期。Rotter（1971）认为对于他人的可靠性的预期可以从父母、老师、同伴处直接习得，也可以通过可信的信息源如报纸、电视等方式间接习得。Rotter（1971）认为信任是经过社会学习逐渐形成的，是相对稳定的人格特质的表现。根据 Rotter（1971）的定义，在社会两难的文献中，信任也经常被学者们定义为一种"期望"，对他人合作的一种预期（Foddy, Platow and Yamagishi, 2009）。这里的期望包括两层含义：一是对他人是否合作的判断；二是对合作后结果，即收益与损失的判断（陈思静，马剑虹，2010）。美国学者福山认为，信任是一种普遍的文化特性，是一个人从社会群体中所共享规范和价值观中产生出的一种合理期待。信任可以分为人际信任与普遍信任（白春阳，2006；曲蓉，2011）。人际信任主要指个体对亲人、熟人或亲密伴侣的信任。普遍信任则超越了熟人的范围，扩展到社会他人，尤其指对陌生人的信任感。普遍信任体现了人与人之间的社会交往联系。

2.7.2 信任与两难情境中的合作的相关研究

1. 信任与两难情境中的合作行为高度相关

信任与两难情境中的合作行为被许多研究所证实。两难文献中的目标期望理论指出，在两难情境下的博弈者会在有合作的目标，并信任对手会选择合作的情况下倾向于合作。根据这个理论，人们合作的条件是自己必须有合作的意愿和目的并且信任别人也会合作（Pruitt and Kimmel, 1977）。博弈者在做决策前，如果有一定的情境线索使得他相信他人会合作，那么博弈者则会表现出更多的合作意愿与行为。若有一定的线索使他不相信他人会合作，那么博弈者则会为了避免受到剥削而采取竞争的行为。条件合作理论也指出，人们倾向于在他人合作的情况下选择合作，而在他人反抗的情况下选择反抗（Brewer and Kramer 1986；Messick and Brewer，1983）。人们不愿意合作的原因之一，正是因为人们不信任他人会参与合作（Wiener and Doescher，1994）。尽管目标期望理论最初应用于两人情境中，但是研究指出目标期望理论也可以应用于群体的情境中（Yamagishi, 1986）。Hwang 和 Burgers（1997）的研究指出，信任之所以会促进人们在两难情境中的合作行为，是因为信任减弱了两种不同类别的风险，被损害的风险和失去信任伙伴的风险。Rothstein（2000）也指出如果没有信任规范，公共物品的悲剧是不可避免的。

2. 信任与合作的关系强度受到情境与个人特质的影响

虽然许多研究表明信任能够促进两难中的合作行为，但是在不同情境下，对不同的个体信任的影响程度可能是不一样的。信任对合作的影响效果可能会受到情境与个人特质的影响。

（1）群体规模大小影响信任与合作的关系

Sato K.（1988）的研究发现了群体规模与信任的交互作用。他发现信任只在小规模的团体中能够有效促进合作，但是随着群体规模的变大，信任对合作的影响大幅缩减了，因此，他得出结论：信任对合作的影响只存在于小团体之中。Parks（1996）等作者检验了具有不同信任水平的个体对他人合作还是竞争的信息的反应，研究发现，低信任者对他人选择抵抗的信息反应更强烈，而他人合作的信息对其没有影响。高信任者收到其他人合作的信息，增加了合作，而他人选择竞争的信息对其没有影响。

（2）文化背景影响信任与合作的关系

Irwin（2009）探讨了在不同文化背景下的信任与亲社会行为的关系。Yamagishi（1994）等学者的研究指出，不同文化背景下，信任的水平显著不同。在集体主义国家，人们对他人的普遍信任要低于个体主义国家，这可能是因为集体主义国家更在意内群体的缘故。Irwin（2009）在此基础上探讨了在集体主义国家，信任是如何影响社会秩序与亲社会行为的，他发现除了普遍信任之外，集体主义国家对机构的信任也是影响人们选择合作的一个要素。

（3）个体特质差异影响信任与合作的关系

De Cremer（2001）等研究了个人特质差异对信任的影响。他们发现，个体的责任感与自我监控水平会调节信任对合作的影响。责任感高与自我监控高的个体，即使信任水平较低，依然可能表现出较高的合作意愿。Van Lange（2006）等学者研究了社会价值取向与信任对消费者选择交通出行方式的影响。研究结果显示，利他型价值取向的个体，并且有着较高信任水平的个体更愿意选择公共交通出行（最大化集体的利益）。

从前人的研究中我们发现，信任对人们在两难情境中选择合作是有影响的，但是信任往往与其他因素一起影响人们的合作行为。信任与合作的关系还受到个人特质以及群体特征，如群体规模和他人是否合作的信息的影响。前文指出生态消费是大规模的多人困境问题，生态消费的行为主体是广大的消费者和公民，那么如此大的群体规模下，信任能否影响人们的合作呢？本书认为，在大规模的两难情境中，信任不再是对单独的个体或者亲密他人或者合作伙伴的信任，信任是指对社会他人尤其是陌生人的一种普遍信任，普遍信任的匿名性、非经验性和不可交流性（曲蓉，2011）等特征符合社会两难情境与生态消费情境。

2.8 文献总结述评

现有文献对生态消费行为的影响因素，社会两难情境下影响合作的因素，影响社会规范对生态消费行为的中介变量如消费者有效性感知、消费者公平感知、自我建构、信任等领域都进行了大量有价值的研究，但仍然存在着一些局限与不足，具体表现在以下几个方面：

（1）现有文献对生态消费行为的研究多基于态度到行为的主流研究范式。旨在通过影响人们的生态态度进而促进人们的生态消费行为。然而，现实生活中，在生态消费领域，消费者的态度与行为存在较大差距，从态度到行为的主流研究范式对生态消费的客观实际缺乏解释力度。理论与实践要求我们寻找研究生态消费问题的新视角。

（2）现有研究较少从社会两难视角深入分析生态消费行为所面临的困境。对比两难情境下影响合作的因素与促进生态消费干预策略的相关文献发现，影响两难情境下合作的因素在影响生态消费行为中也起到了重要的作用。虽然，学者们实际应用两难情境中合作的因素来研究生态消费行为，但很少有学者将生态消费问题作为两难困境来认识与理解，并应用两难文献中促进合作的因素系统地研究生态消费行为。

（3）现有研究对社会规范影响生态消费行为的机制缺乏深入理解。社会规范理论是社会影响理论之一。社会规范因其在两难情境中能够限制人们自私的冲动，促进两难情境中的合作行为而受到学者们的重视。然而，对于社会规范如何影响人们的行为，现有文献并没有给出清晰的答案。其中，描述性规范与强制性规范是否通过相同的机制影响人们的行为，需要进一步探索。

（4）缺乏从他人视角研究社会规范对消费者有效性感知的影响。过往研究发现消费者有效性感知是影响生态消费行为的重要因素。对消费者有效性感知的影响因素的研究主要集中在个体差异、文化差异、诉求方式和反馈等方面。根据社会学习理论，消费者的自我效能感一方面来自自己的直接经验，另一方面，当个体对行为的结果感觉到模糊不确定的时候，来自他人的间接经验与劝说也会影响个体的自我效能。在生态消费领域，消费者有效性感知与自我效能是相近的概念，那么对他人行为与期望的感知是否会影响到个体对自我行为有效性与否的判断亟须实证的检验。

（5）现有研究指出公平感知与两难情境下的合作行为是高度相关的，那么公平感知是否会影响人们进行生态消费的意愿需要进一步验证。现有研究指出公平感受文化、价值观、社会地位和个体差异等因素的影响，那么在社会两难情境下，哪些因素能够影响消费者的公平感知需要进一步的探索。

（6）过往文献中对自我建构和信任与社会两难中的合作行为和生态消费行为有一定的研究。然而研究表明信任和自我建构多和其他因素一起共同影响人们的合作行为。自我建构是个体对自我与他人关系的认知，信任也是连接自我与他人的重要纽带。在社会两难情境下，在生态消费行为研究领域，信任与自我建构是否与社会规范共同影响人们的行为，自我建构与信任在社会规范对行为的影响中能否起到调节效应，开展相关研究有利于进一步揭示社会规范对生态消费行为的影响机制，同时也可以进一步丰富信任与自我建构理论在生态消费领域的发展和应用。基于以上研究现状和不足，拟进一步完善在社会两难情境下，社会规范对生态消费行为的影响机制。本书下一章将对研究模型的提出与构建进行详细解析。

第3章
研究设计

上一章通过对生态消费行为、社会两难理论、有效性感知、公平感知等相关文献与理论进行了系统回顾与述评，为本章的研究设计奠定了坚实的基础。本章主要包括以下几个方面：第一节基于生态消费两难性质，构建了社会规范对生态消费意愿的影响机制模型，并根据模型提出研究假设；第二节，介绍了研究方法，包括问卷设计的过程，生态消费行为的选择以及本书采用的数据分析方法；第三节，对相关构念的测量量表的来源与内容做详细阐述，并通过预调研对问卷进行修订；第四节，描述正式问卷的调查过程。

3.1 研究模型与假设的提出

3.1.1 研究模型的构建

人们在进行生态消费行为时，往往面临着最大化个人利益还是最大化集体利益的冲突。开私家车，方便舒适但汽车尾气却造成了空气污染，破坏了环境；使用危害环境的清洁产品，便宜去污力强，却会严重污染水和土地。尽管人人想拥有一个更清洁、美好的生存环境和空间，但是在日常生活中人们仍然不免受到个人利益的驱使而不自觉地进行破坏环境的活动。

学者将这种最大化集体利益还是最大化个人利益，追求短期利益还是长期利益的选择称为社会两难（社会困境）问题（Dawes, 1980; Dawes and Messick, 2000）。社会两难问题有四个特征：①在短期内，不管其他人如何选择，个人做出自私（非合作）的选择，可以获得最大的利益。②相对于合作的选择，自私的选择总是对群体中的其他人有害。③长期内,如果所有群体成员都选择不合作,那么对个人的危害要超过个人的所得。④如果所有群体成员都选择合作,那么集体每个成员获得的福利都会增加(Dawes,1980)。选择生态消费行为还是非生态消费行为,对于个体消费者来说正是这样一个两难问题。进行某些生态消费行为就相当于在两难困境中选择合作,选择最大化集体的利益。因此,本书将基于社会两难的相关理论,以期更好地理解生态消费行为。

社会两难理论中的期望效用理论指出,在结果不确定的情况下,个体会理性而谨慎地分析对方采取合作与不合作的策略的可能性,进而会比较自己在合作与不合作策略下的期望收益,从而选择使自己期望最大的策略。条件合作理论指出,大部分人在两难情境中选择合作是有条件的,条件是其他人也选择合作,人们倾向于在他人合作的时候选择合作,在他人反抗的时候选择反抗。因此,在社会两难情境下,他人的行为对个体选择合作与不合作起到至关重要的作用。

环境质量属于公共物品,环境质量的改善需要全体成员的共同参与。而个体的非生态行为所造成的后果(即行为的外部性)却需要全体社会成员共同承担。因此,即使有些群体成员想要做出对环境有益的行为,却因为担心被其他成员搭便车而使自己的利益受到损害,从而选择了不合作的行为。他人的行为对群体中的个体产生了重要的影响。这种影响有时比宗教、文化等的影响还要大(Cialdini and Goldstein,2004)。

社会规范理论是关于群体如何影响个体行为的理论之一,社会规范是群体成员可接受或不可接受行为的各项文化价值标准,Biel、Eek 和 Gärling(1999)指出,当个人的行为对群体中的他人产生负面影响的时候,社会规范能够起到限制人们利己行为的冲动的作用。社会规范包括反映大多数人实际如何行动的描述性规范与大多数人赞同或者不赞同的强制性规范。

近年来,在社会两难情境中,社会规范的作用逐渐受到学者们的重视。其中,描述性规范与强制性规范对生态消费行为的影响也得到了一些学者的证实。描述性规范与强制性规范是通过何种机制来影响人们的生态消费行为的却依然缺乏研究。而且在生态消费领域,强制性规范与描述性规范对生态消费行为的影响往往是被分别研究的,主观规范主要出现在基于计划行为理论对生态消费行为影响因素的研究中。而描述性规范，学者们主要研究带有描述性规范类的信息在促进人们生态消费行为的作用。除了 John Thøgersen（2008）和 Cialdini（1990）等，很少有研究将二者结合起来探讨。因此，本研究基于社会规范理论框架，研究描述性规范与强制性规范是如何通过一些中介机制来影响人们的生态消费意愿的。

  本书提出社会规范是通过影响消费者有效性感知与公平感知两个中介变量，进而影响生态消费行为的。消费者有效性感知被认为是个人可以通过努力在某个问题的解决上起作用的一种具体领域的信念。PCE 对生态消费的影响得到了大量研究的证实，有学者验证 PCE 甚至是预测生态消费行为的最有影响力的变量（Roberts，1996）。人们如果感觉到自己的努力对解决问题越有效就会越投入其中。环境是一种公共物品，生态消费行为是大规模的社会两难问题，保护环境、改善空气质量这样的群体目标需要全体成员的共同努力才能实现，参与的人数越多，社会越赞同该行为，群体的目标就越容易实现，个人在其中的努力被不合作的人抵消得越少，个人努力的效果就越明显。根据社会交换理论，公平感知主要来源于人们对自己的付出与回报的比率相较于其他人的付出与回报比率是否合理。人们将目前投入的努力与目前所得到的报酬比值与自己过去投入的努力与所获得的报酬的比值进行比较，相等时觉得公平；人们也将自己的投入回报比与他人的投入回报比相比较，比率相等时人们会有公平感。在社会两难情境下，人们需要发展一种收益与成本能够公平分配的系统，每个成员都期望其他人接受并且按照规则来进行。比如，当一个成员从公共物品索取，那么就应该对公共物品有一定的贡献，如果其他人选择不合作而搭便车，那么系统就会被破坏，选择合作的人的利益就会受到威胁，群体成员就会感受到不公平。受到不公平对待的成员就会准备采取行动反抗（Allison and Messick，1990）。

  此外，本书主要从他人视角研究人们感知到的他人的实际行为与他人对自我的期望对个体生态消费意愿的影响。人们受到他人的影响程度也因个体的差异有所不同。他人对个体的影响大小，受到个人与他人关系的调节。以往学者是从个体对群体的认同，个体与群体的相似性，以及他人与个体的亲密度等角度来探讨的。但是由于生态消费是大规模的社会两难问题，是涉及全体成员共同参与的问题，而且，生态消费行为具有匿名性，人们的生态消费行为并不容易暴露给他人，因此，本书从文化与社会对个体与他人关系的认知层面提出自我建构与普遍信任感两个调节变量。

自我建构是关于自我和他人关系的认知的概念，也是集体主义和个人主义在个体层面的体现。独立自我建构的个体认为自己与他人是分离的，他们更在意独立思考，不容易受到他人的影响；而互依自我建构的个体则认为自己与集体是密不可分的，他们倾向于顺从别人以维持自我与他人的联系。因此，在本书的研究中，首先引入自我建构作为调节变量，可以进一步探讨他人对个体生态消费意愿的作用机制。其次，信任也体现了自我和他人的关系。在本书中，信任不是针对某一个具体的个人或对象的信任，而是对社会他人，尤其是陌生人的普遍信任感。本书将探讨信任在社会规范到公平感知和有效性感知的关系中所起到的调节作用。

根据以上分析，本书基于社会两难的视角，将生态消费尤其是生态消费行为中的偏利他行为看作是社会两难问题。基于社会两难的相关理论，以群体和个人相互之间影响的角度作为出发点，探讨社会规范对生态消费意愿的影响机制。引入有效性感知与公平感知作为中介变量，以自我建构和信任作为调节变量进一步探讨个体受到社会规范的影响程度是否会因个体自我认知和对社会普遍的信任感的差别而不同。图3-1描述了研究框架，勾勒出了社会规范与信任对生态消费意愿的影响路径。

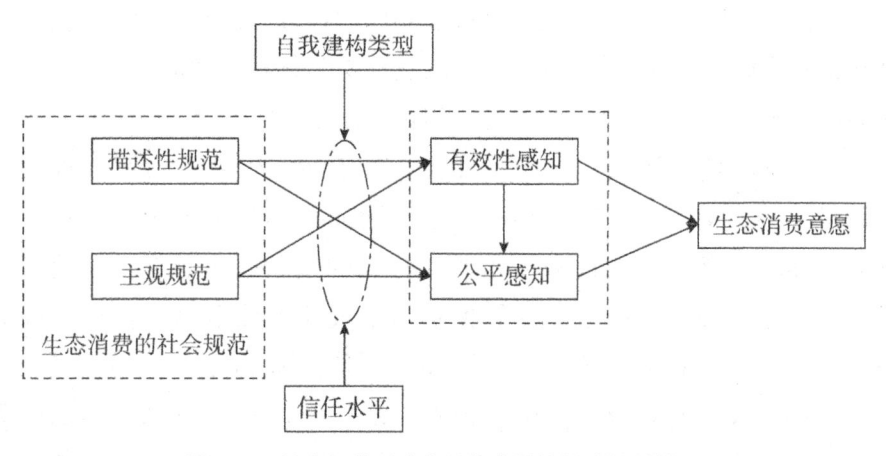

图3-1 社会规范对生态消费意愿的影响机制模型

3.1.2 研究假设的提出

1. 社会规范与消费者有效性感知的关系

社会规范（Norms）反映人们应该怎么做（主观规范）和人们实际怎么做（描述性规范）（Cialdini et al., 1990; Reno et al., 1993）。简单地说，描述性规范是指人们感受到的行为的普及性。Cialdini、Kallgren and Reno（1991）指出，描述性规范通过传递给消费者"在某种情境下什么行为是有效的"来影响人们私下的和公众的行为。一些研究者的研究表明，带有大多数人参与的规范性信息比普通的环保诉求更有效（Goldstein et al., 2008）。

在人类社会中，模仿是非常重要的一种行为方式。人们通过观察在特定环境中他人的行为来决定自己该如何反应。班杜拉的社会学习理论指出，个体的行为受到个体以及环境的影响。人们通过两种方式学习：一是通过自己的直接经验，即从个体行为的结果中学习，当结果是正面的时候，人们会增强这种行为。二是通过观察他人的行为来改变自己的行为。仅仅通过观察别人做什么和他们行为的结果，我们就可以获得一些技能、态度和观念（Bandura, 1977）。大量的研究表明，在社会环境中的他人行为塑造了个人对这个情境的解释与反应（Bearden and Etzel, 1982），尤其在新的、模糊的和不确定的情境下（Gris-kevicius et al., 2006; Hochbaum, 1954; Park and Lessig, 1977）。这背后的简单机理是因为人们总是面临着相同的问题，掌握着相同的信息，面临着相同的行为选择和相同的收益。当大多数人都赞同或选择参与某种行为的时候，无疑向我们传递出一种信息：参与这种行为是正确而有效的。

社会学习理论强调环境的重要性。对成功和失败的预期（即行为的结果）会影响人们采取行动的意愿。而成功和失败的预期也可能来自周围环境究竟是支持性的还是非支持性的判断。对于像生态消费这样大规模的社会两难问题，环境保护与空气质量改善这些群体目标需要全体成员的共同努力才能实现。如果人们感觉到参与生态消费行为的人越多，身边的人越赞同生态消费，那么个体对"自己行为的结果是有效的"这一预期就会更高，个体感觉到群体目标越可能会实现。而且，参与的人越多，搭便车的人越少，个体努力参与的结果被不合作的人抵消的就越少，消费者感觉到自己的行为对改善环境就更有效。当消费者感觉到自己的努力对解决问题越有效时，他越会投入其中。Obermiller（1995）、Kim 和 Choi（2003）等学者的研究证明，消费者有效性感知在影响能源节约、有机食品购买、回收再利用等生态消费行为上起到了积极的影响。

由此，提出以下假设：

假设1：描述性规范对消费者有效性感知有显著正向影响。

假设2：主观规范对消费者有效性感知有显著正向影响。

假设3：消费者有效性感知正向影响生态消费意愿。

2. 社会规范与公平感知的关系

根据社会交换理论，公平感知主要来源人们对自己的付出与回报的比率和其他人的付出与回报比率相比是否合理的感知。公平感知与两难情境中人们的行为被证明是高度相关的（Van Dijk and Wilke，1995；Van Dijk et al.，1999；Wit et al.，1992）。Fehr 和 Schidt（1999）指出，相对于损失与获得，人们更加厌恶在损失方面的不公平。公平感会促使人们将自己的行为与他人的行为相比较。Van Dijk 和 Wilke（1995）指出，在资源两难情境下（Common Dilemmas），资源是需要被合理分配的，如果个体感觉到资源分配的结果或者过程对个体不公平，那么会引发人们或者过度使用资源，或者对不合作的人给予惩罚以恢复公平感，如果通过对合作者的补偿与对不合作者的惩罚使公平与正义得以恢复，那么人们就会继续选择合作。在公共物品两难中也是如此，只向公共物品索取而不做贡献的搭便车行为会导致选择合作的人们的不公平感。基于此，本文提出假设，消费者公平感知越高，参与偏利他型生态消费行为的意愿就越高。

前人的研究尤其在组织领域与服务领域，往往将公平感分为三个维度：结果公平、过程公平与交互公平。在本文的研究中主要集中在结果公平，即针对亚当斯提出的定义，公平感知来源于人们对自己的付出与回报的纵向比较与横向比较。

当消费者对自己的付出与回报进行纵向比较，即比较自己现在的付出与回报之比，与先前的付出回报之比的变化。当消费者感觉到自己的付出得到相应的回报时，他感觉自己的付出是合理的，对他来说是公平的。进一步，消费者的公平感知不仅来自自己的付出与回报比，同时还来自与他人的付出回报相比是更多，还是更少。当比例相等时，消费者会感觉到公平，如果不相等时，消费者会感觉到不公平。对于偏利他型的生态消费行为，消费者自我的付出与回报与他人的行为紧密相连，当越多的人参与合作时，群体的目标更容易实现，每个人的福利可能会增加。那么选择合作的个体的回报可能会大于付出；但是如果只有少数人参与合作，群体目标的实现可能性就会较低，个体的付出也得不到相应的回报。同时，与其他不合作的人相比，选择合作的个体的付出明显比不合作的个体付出得更多。因此，他人的行为对个体的公平感知有着重要的影响。生态消费行为是多人困境问题，人们在参与生态消费行为时个体的行动并不会暴露给其他人，匿名性使得人们可以轻易地搭便车而不为他人所知。因此，在进行生态消费行为时，人们往往通过观察身边人的行为比如同事、同学、家人以及他们对消费者个体生态消费行为的态度和期望来推测社会整体参与生态消费的情况，并据此判断自己的付出与所得与他人相比是否公平。由此，提出假设如下：

假设4：消费者有效性感知对消费者公平感知有显著正向影响。

假设5：描述性规范对消费者公平感知有显著正向影响。

假设6：主观规范对消费者公平感知有显著正向影响。

假设7：消费者公平感知正向影响生态消费行为。

3. 自我建构的调节作用

自我建构来自文化差异在个体上的体现。Markus 和 Kityama（1991）指出自我建构是个体对自我和他人的关系的认知。包括两种类型：独立自我与互依自我。自我建构能够影响个人的认知、情感和动机。独立自我是基于个人主义、个人的权利以及个人脱离于社会群体的自治性，在许多西方文化中占主导地位。独立自我潜在的原则是个人与他人是分离的。为了维持和促进关于自我是独立的观点，人们需要维持与集体相脱离的感觉（Kityama，1993）。相反，互依自我是基于个人是通过在集体中的角色和与群体中他人的关系而被定义的，在亚洲国家中占据主导地位。潜在的原则是个人与他人是相联系的。为了维持和促进互依自我，人们倾向于以能够强调或者增强现有的关系的方式思考和行为（Cross，Bacon and Morris，2000）。

独立自我建构与互依自我建构的区别在于人们认为自己与他人是否紧密联系。独立自我建构的个体关注的是自己的思想、情感与能力，而非他人的思想和能力以及行为。互依自我强调个人与他人是密不可分的，注意留意他人的想法和感受，更多地受到群体社会规范和责任的驱动。因此，互依自我的个体受到群体规范、他人行为的影响比较强，而独立自我的个体往往按照自己的方式思考与行动，较少受到他人的影响。基于此，本书提出在社会规范对有效性感知与公平感知的影响上，独立自我与互依自我存在明显差异。独立自我受到社会规范的影响较小，互依自我受到社会规范的影响较大。

假设8.1：相对独立自我建构的个体，对于互依自我建构的个体来说，描述性规范与有效性感知的正向关系更强。

假设8.2：相对独立自我建构的个体，对于互依自我建构的个体来说，主观规范与有效性感知的正向关系更强。

假设9.1：相对独立自我建构的个体，对于互依自我建构的个体来说，描述性规范与公平感知的正向关系更强。

假设9.2：相对独立自我建构的个体，对于互依自我建构的个体来说，主观规范与公平感知的正向关系更强。

4. 信任的调节作用

社会规范包括主观规范与描述性规范在生态消费行为中的作用，已经得到了大量研究的证实。同时，在社会两难的文献中，信任被认为是一个重要的心理构念。信任与两难情境下人们的合作行为也得到许多研究的证实。大体上来说，当信任比较高的时候，人们会对其他人表现出善意有信心，因此更愿意参与到互惠的合作中（Granovetter，1992；Ring and van de Ven，1994）。当人们不再害怕其他人会利用自己时，人们更容易做出合作的决定（Yamagishi and Sato，1986）。Wiener和Doescher（1994）指出，人们不愿意合作的原因之一，正是因为人们不信任他人会参与合作。Hwang和Burgers（1997）的研究指出，信任之所以会促进人们在两难情境中的合作行为，是因为信任减弱了两种不同类别的风险：被损害的风险和失去信任伙伴的风险。

在社会两难情境中，信任被看作一种对他人行为的预期。目标期望理论指出，博弈者在做决策前，如果一定的情境线索使他相信他人会合作，那么博弈者表现出更高的合作意愿和行为，若一定的情境线索使他们不相信他人会合作，那么博弈者可能会采取竞争行为。信任会受到与他人的现实行为的影响，现实与预期的匹配程度能够影响个人的人际信任水平，当现实与预期一致，会推动人际信任水平的提高，而现实与预期不一致，则会降低人际信任水平。那么在这些学者的研究中，信任是作为对他人合作的预期来看待的，这种预期会受到他人是否合作的线索影响。也就是说，他人合作的信息影响了信任。

那么从另外一个角度来看，Rotter（1971）虽然将信任定义为个体或对群体其他个人或群体的口头、书面陈述的可靠性的一种预期，但是他指出这种可靠性的预期可从社会学习中逐渐形成，因此，他把信任看成是一种相对稳定的人格特质。那么，高信任水平的个体与低信任水平的个体在面对他人的实际行为与对他人对我们的预期时的反应是否存在差异，换言之描述性规范即大部分他人是如何做的，与主观规范即对我们重要的人期望我们如何做，对高信任者与低信任者的影响是否会存在不同呢？

Parks（1996）等的研究发现了信任与传递他人合作还是竞争信息的交互作用。信任对于引发合作信息的效果有主要影响。他们发现他人合作的信息促进了合作行为，而竞争的信息降低了合作的意愿。而且，对于信息的反应程度受到了人们信任水平的影响，高信任者对带有合作意愿的信息响应更为积极，而低信任者对带有竞争的信息表现出强烈的负面反应。高信任者对他人选择竞争的信息不敏感，而他人选择合作的信息对低信任者没有影响。Parks 的研究表明，信任水平会调节他人是否合作的信息对人们行为的影响。但是，Parks 的研究只限于两人困境，而没有研究多人困境的情况。生态消费行为是需要群体社会成员共同参与的大规模困境问题，具有匿名性，当人们对社会、对陌生人的普遍信任较高时，同时人们感受到参与生态消费的人数越多、社会越期望个体参与生态消费行为，个体感受到进行生态消费行为的有效性感知与公平感知就会越高。因此，本书提出如下假设：

假设 10.1：相比于低信任水平，高信任水平下，描述性规范与有效性感知的正向关系更强。

假设 10.2：相比于低信任水平，高信任水平下，主观规范与有效性感知的正向关系更强。

假设 11.1：相比于低信任水平，高信任水平下，描述性规范与公平感知的正向关系更强。

假设 11.2：相比于低信任水平，高信任水平下，主观规范与公平感知的正向关系更强。

3.2 问卷设计与数据收集

3.2.1 问卷设计程序

本研究采用问卷调查法，因此，首先要设计出合适的测量工具。问卷题项主要从两方面来获得：①对所涉及构念的相关文献，尤其在生态消费领域的文献进行全面查阅，找出可借鉴的问项。②根据本研究的需要，针对所研究的具体领域，通过小组访谈对一些问项进行调整。为了确保问卷的合理性与有效性，本文使用初步调查问卷对150名消费者进行了预调研，共回收146份，根据预调研的结果，笔者对各构念的信度与效度进行了检验，并进一步修改了问卷，从而形成了正式的调查问卷。

3.2.2 样本量

本研究使用结构方程模型的方法。在使用结构模型中，样本量的大小对结构方程模型分析的有效性影响很大。Schumacker 和 Lomax（1996）的研究发现，使用结构方程模型的研究中，大多数学者采用 Bentler 与 Chou（1987）的建议，即样本数应为观察变量数量的5~10倍。本研究的正式调查问卷中共有34个观察变量，共回收有效样本850份，符合数据的要求。

3.2.3 生态消费行为的选择

本研究的研究对象是生态消费行为中偏向利他型的生态消费行为。但是，我们并不知道哪些生态消费行为在消费者心中是相对偏向利他的，笔者通过一个小调查（共发放问卷80份，实际回收69份）试图找到消费者心目中偏向利他的行为，为进行后续的研究打下基础。通过请被试者将下列六种生态消费行为,根据其利己和利他的程度进行打分,得出下面的结论:购买有机食品、节约用水、用电,购买能耗低、环保型的家用电器偏向利己的程度较大,而垃圾分类、做环保志愿者以及减少开车、采用公共交通出行等行为偏向利他的程度较大。而且,在三种偏利他型的行为中,垃圾分类排第一、环保志愿者排第二、少开车采用公共交通出行排第三。因此,本文考虑大家对该行为的熟悉程度及与日常生活的相关性,选择了两类行为,垃圾分类行为与公共交通出行作为本研究的对象。

3.2.4 数据分析方法

本研究采用结构方程软件与统计软件包作为主要的分析工具。具体的统计分析方法主要包括描述性统计、验证性因子分析和结构方程模型分析等。本研究运用结构方程模型对数据进行分析时,通过极大似然估计方法对参数进行估计。

3.3 构念的测量

3.3.1 变量的操作性定义与计量内容

1. 描述性规范

对于描述性规范的测量,学者们基本上认为描述性规范是单一的维度(Nolan et al., 2008; McDonald et al., 2012),有的学者则根据群体的不同,将描述性规范进一步分为不同群体的描述性规范,比如邻居的描述性规范,与社会大群体的描述性规范等(Fornara, 2011)。认为描述性规范是单一维度的学者在对某一行为的描述性规范进行测量的时候,往往从行为发生的频率、地点、范围等方面来进行测量。Nolan(2008)等在对节约资源的描述性规范进行测量的时候,用了三个测项测量:你认为你的邻居经常设法节约能源吗?你认为你所在城市的居民设法节约能源吗?你认为加利福尼亚人经常设法节约能源吗?(从不=1,有时=2,经常=3,总是=4)三个测项的平均分就代表了关于节约能源的描述性规范的得分。

也有学者如 McDonald(2012)等在测量描述性规范的时候,让回答者指出在家人、朋友或者同事等不同的群体中,大约有百分之多少的人参与相应的行为,例如,请问您的家人中有多少人会购买当地出产的食品?(0~100%)也有研究者对行为在不同环境(地点)下发生的普遍性来测量描述性规范,比如在对学生饮酒的描述性规范进行测量的时候,Rimal(2005)请被调查的学生评估,当一个普通的学生去酒吧的时候一般喝多少酒,邀请朋友到宿舍里一般喝多少酒,去参加聚会时一般喝多少酒。一个普通的学生在周末喝多少酒,所有的回答用从 0~6 瓶以上的五点李克特量表记录。学生饮酒的描述性规范是四个测项的平均分。还有的学者从行为的不同程度来测量,比如 Kim(2012)等对在线购买环境友好产品的描述性规范的调查时,使用了三个问项,"在网上的大多数网民对环境友好产品感兴趣;我认为许多其他的购买者在网上查询这些商品;我认为许多其他的购物者都会购买环境友好商品"。

除了将描述性规范看成单一维度,有些学者还将描述性规范区分为不同的层次,比如身边重要他人的描述性规范和一般社会的描述性规范。Fornara(2011)在对回收再利用的研究中分别测量了社区的规范,将其称为地区规范(local norm)和身边人的规范。在测量地区规范的时候,Fornara(2011)用了两个问项:在您的邻居中有多少人回收家庭垃圾?大多数的邻居都将家庭垃圾回收再利用。答案应用李克特的五点量表,从 1=很少到 5=很多;从 1=完全不同意到 5=完全同意。Fornara(2011)用两个问项来测量身边人的描述性规范:对你重要的人中有多少人回收家庭垃圾?大多数对我重要的人都回收垃圾。

本章参照了 Fornara(2011)、McDonald(2012)、Nolan(2008)等人对描述性规范的测量和含义的理解,结合现实生活中的实际情况设计问项见表 3-1 与表 3-2。

表 3-1 描述性规范的测量项目内容与来源(垃圾分类行为)

项目标号	测项描述	项目来源
描述性规范	根据您的观察,在小区内投放垃圾时有多少人将垃圾分类投放?	Fornara(2011) McDonald(2012)
	根据您的观察,在公共场所如地铁、商场内投放垃圾时,有多少人按照可回收与不可回收标志进行分类投放?	
	根据您的观察,有多少人将电池等有害垃圾收集起来单独处理?	

表 3-2 描述性规范的测量项目内容与来源（公共交通出行行为）

项目标号	测项描述	项目来源
描述性规范	您的家人中，有多少人为了减少空气污染，选择少开私家车、采用公共交通方式（地铁、公交车等）出行？	Nolan（2008）
	在您身边的朋友中，有多少人为了减少空气污染，选择少开私家车采用公共交通方式（地铁、公交车等）出行？	
	在您身边的同事中，有多少人为了减少空气污染，选择少开私家车采用公共交通方式（地铁、公交车等）出行？	

针对以上测项，本研究通过李克特七级量表来进行测量，从低到高依次排列，1非常少，7非常多。

2. 主观规范

反映大多数人赞同或者不赞同的规范称为强制性规范（injunctive norm），强制性规范是对其他人期待你如何做的感知，强制性规范提供给人们关于什么是应该做的信息（what ought to be done）。Ajzen（2006）在讨论对计划行为理论中的三个构念测量时指出，对主观规范的测量有直接和间接两种方式。对主观规范的直接测量评估个体消费者感知他们的参照群体对参与某一种行为的期望。主观规范中的参照群体一般是调查者感觉重要的人、听从其意见的人或是熟悉的人。Klockner和Matthies（2004）在"习惯对人们采用的交通方式的影响"的研究中，让回答者选择三个与自己关系亲密的人，然后问以下三个问项：

个体a认为我应该选择公共交通而不是开私家车作为通常的交通方式。

个体b认为我应该选择公共交通而不是开私家车作为通常的交通方式。

个体c认为我应该选择公共交通而不是开私家车作为通常的交通方式。

回答采用李克特的七点量表（1=强烈不同意，7=强烈同意），主观规范是三个问项的平均分。同样，学者Dunleavy（2008）在对学生饮酒的研究中也采用了同样的方法，通过问被试者三个具体的个体（亲密的朋友、室友或是恋人）对他们饮酒的赞同程度来测量。还有的学者并不让回答者选择三个与自己亲密的人，而是在问项中直接询问大多数对被试者重要的人会不会赞同或者支持被试者参与某种行为。比如，在对家庭回收再利用的研究中使用了两个问项来测量主观规范"大多数对我重要的人认为（七点量表从我不应该—我应该）进行垃圾回收，比如玻璃瓶、报纸和杂志等；大多数我熟悉的人期待我将可回收物质如玻璃瓶、报纸和杂志等送到可回收处（强烈不同意—强烈同意）"。在对环境友好产品购买的主观规范的测量中使用了如下三个问项："大多数对我重要的人认为购买环境友好的产品是值得的；大多数对我重要的人认为我应该购买环境友好商品；如果获得他人的认可，我会购买环境友好的商品"。

对于主观规范的测量本文参照 Ajzen（2006）与 Klockner 和 Matthies（2004）的测量量表，结合垃圾分类与少开私家车、采用公共交通出行的实际情况设计量表见表 3-3 与表 3-4。

表 3-3 主观规范的测量项目内容与来源（垃圾分类行为）

构念	测项描述	项目来源
主观规范	我身边对我重要的人（可以是家人、朋友、同事、室友等）认为我应该将垃圾分类投放	Ajzen（2006） Klockner and Matthies（2004）
	我身边对我重要的人（可以是家人、朋友、同事、室友等）认为垃圾分类是一件正确的事情	
	我身边对我重要的人（可以是家人、朋友、同事、室友等）都赞同进行垃圾分类	

表 3-4 主观规范的测量项目内容与来源（公共交通出行行为）

构念	测项描述	项目来源
主观规范	我身边对我重要的人（可以是家人、朋友、同事、室友等）认为我应该少开私家车而采用公共交通方式出行	Ajzen（2006） Klockner and Matthies（2004）
	我身边对我重要的人（可以是家人、朋友、同事、室友等）认为少开私家车而采用公共交通出行是一件正确的事情	
	我身边对我重要的人（可以是家人、朋友、同事、室友等）都赞同少开私家车、采用公共交通方式出行	

3. 有效性感知

有效性感知（PCE）定义为个人可以通过努力在某个问题的解决上起作用的一种具体领域的信念。所以学者们在将 PCE 操作化的时候要询问消费者在对某一具体领域或具体行为的感知有效性。比如，Ellen 在研究环境保护的时候通过两个问项来测量消费者关于环保的有效性感知。她在问项中强调对于保护环境个体感知的有效性。如："对于保护环境，个人没有什么可做的；只要其他人拒绝保护环境，个人的环保努力就是没有用的。"其他学者在测量 PCE 的概念的时候也都涉及对具体行为的感知，如 Carl Obermiller（1995）在研究节约用水问题时询问参与调查者"对于解决水资源短缺的问题，个人没有什么可做的"；Roberts（1996）在研究环境友好产品的购买行为时使用了"每一个消费者的行为都可以通过购买社会负责的公司生产的产品对社会产生积极的影响"的问项。本书根据 PCE 的定义，结合 Lee and Holden（1999）、Berger and Corbin（1992）、Ellen et al.（1990）对 PCE 的测量和含义的理解设计问项见表 3-5 和表 3-6。

表 3-5　有效性感知测量项目内容与来源（垃圾分类行为）

构念	测项描述	项目来源
有效性感知	对于像垃圾分类这样需要大规模成员参与的问题，我感觉我个人的影响是非常微弱的	Lee and Holden（1999）
	只要大部分人拒绝进行垃圾分类，我一个人的垃圾分类行为是几乎无效的	Berger and Corbin（1992）
	我感觉我个人的垃圾分类的作用是非常微小的	Ellen et al.（1990）

表 3-6　有效性感知测量项目内容与来源（公交出行行为）

构念	测项描述	项目来源
有效性感知	我感觉我个人减少开私家车对改善空气质量与保护环境的作用是非常微弱的	Lee and Holden（2006）
	只要大部分人拒绝减少开私家车，我感觉我个人少开私家车，采用公共交通出行对改善空气质量几乎是无效的	Berger and Corbin（1992）
	我感觉我个人少开车，采用公共交通出行的影响是非常微弱的	Ellen et al.（1990）

针对以上测项，采用李克特的七级量表来进行测量，从低到高排序为非常不同意到非常同意。

4. 公平感知

本文中对公平感知的测量直接根据亚当斯的公平感公式进行设计，参考了研究中的相关量表，设计问题见表 3-7 和表 3-8：

表 3-7 公平感知测量项目内容与来源（垃圾分类行为）

构念	测项描述	项目来源
公平感知	进行垃圾分类，我感觉我的付出（耗费时间与精力将垃圾按不同的类别分类整理并投放）与回报（环境变得更清洁，资源得以更好地利用）相比是相称的	亚当斯（1965）
	与他人相比，我进行垃圾分类，我的付出与回报相比是公平的	

表 3-8 公平感知测量项目内容与来源（公交出行行为）

构念	测项描述	项目来源
公平感知	减少开私家车，选择公共交通出行，我感觉我的付出（牺牲了舒适与驾驶乐趣等）与所得（空气质量改善，环境更美丽）相比是合理的	亚当斯（1965）
	对于少开私家车，采用公共交通出行，我的付出并没有得到相应的回报	

5. 行为意愿

Kotler 认为，任何行为在发生以前都有受到一定意愿的驱使。行为意愿是个体采取某项特定行为的可能性的判断，反映了个体采取某种特定行为的意图。Ajzen（1975）等认为意愿能够直接影响行为，行为意愿是任何行为表现的必需过程，为行为显现前的决定。Peter 和 Olson（1993）提出对行为意图的测量，可用来测量实际行为的产生，并可以应用于营销市场对消费者行为作预测。对行为意愿的测量可以采用测量打算参与某种行为的频率，参与某种行为的愿意程度或者参与某种行为的可能性。比如，在测量行为意愿的时候采用测量行为可能发生的频率："你打算多久采用以下行为以减少你对环境的影响？（1=从不，5=总是）"。在测量行为的意愿时采用参与某种行为的意愿，如"我愿意购买环保产品；我愿意向其他人推荐该环保产品。（1=非常不同意，7=非常同意）"。Gerber 和 Rogers（2009）在测量美国居民投票意愿时，测量投票行为发生的可能性："请问您有多大可能去参加周二在新泽西州举行的选举投票活动？（1=几乎不可能，2=有点不可能，3=中等，4=有点可能，5=可能）"。在本书中，根据 Ajzen（1975）对行为意愿的定义及 Gerber 和 Rogers（2009）对行为意愿的测量，对行为意愿的测量设计见表 3-9 和表 3-10：

表 3-9 垃圾分类意愿测量项目内容与来源（垃圾分类行为）

构念	测项描述	项目来源
垃圾分类意愿	您有多大可能在小区内投放垃圾时按照可回收与不可回收将垃圾分类投放	Gerber and Rogers（2009）
	您有多大可能在公共场所如地铁、公园等投放垃圾时将垃圾按照垃圾箱上的可回收与不可回收标志分类投放	
	您有多大可能将废旧电池等有害垃圾收集起来，单独处理	

表 3-10 公交出行意愿测量项目内容与来源（公共交通出行行为）

构念	测项描述	项目来源
公交出行意愿	为了减少空气污染，保护环境，您减少开私家车的可能性有多大	Gerber and Rogers（2009）
	为了减少空气污染，保护环境，您在上班或购物时选择公共交通出行方式的可能性有多大	
	为了减少空气污染，保护环境，您有多大可能劝导您身边的朋友或家人采用公共交通方式出行	

6. 信任

对于信任的研究主要以测量法和实验法为主。对信任水平的测量方法有广泛使用的 Rotter（1967）编制的人际信任量表 GSS（General Social Survey），Yamagishi（1988，1992）编制的一般信任量表（general trust scale），Rempel 和 Holmes（1986）编制的信任量表，以及 Johnson-George 和 Swap（1982）编制的特定人际信任量表等。

Rempel 和 Holmes（1986）与 Johnson-George 和 Swap（1982）编制的特定人际信任量表等主要用来考察亲密的人际关系之间的信任程度，Rempel 和 Holmes（1986）的量表包含 26 个测量项目，旨在测量亲密人际关系的信任水平。量表主要测量三个组成部分：可预测性、可信赖性以及忠实。

被较为广泛应用的有 Rotter（1967）编制的人际信任量表，其主要用来测量对他人的言语、行动以及承诺陈述的可靠性的测量。普遍认为量表分为"特殊信任"与"普遍信任"两个维度，特殊信任的对象是与被测量者拥有血缘或裙带关系的人，普遍信任的对象则扩展至所有的人。

Yamagishi（1988，1992）编制的一般信任量表（general trust scale）包括 6 个测项，主要用来测量人们对其他人合作的一般信任。Yamagishi 和同事在 Yamagishi 的信任量表中重复发现两个相似的因素：信任与审慎的需要。大多数拥有较低信任水平的人可能会怀有坚定的信念：在与他人相处时应该小心谨慎，以免上当受骗。

除了以上信任量表，以 GSS 和 WVS（World Values Survery）为代表的社会调查问卷方法也是应用比较广泛的信任量表。该问卷调查包括了个体信任、公平与助人态度三个方面的问题。这三个方面的问题进一步构造成为一个综合标准化的信任指数。

在本章中主要想要探讨的是对社会他人的普遍信任感对生态消费行为的影响，限于问卷的篇幅，本章主要应用 Yamagishi（1988，1992）编制的一般信任量表（general trust scale），有 5 个测量问项，见表3-11。

表 3-11　信任测量项目内容与来源

构念	测项描述	项目来源
信任	除非我们很熟悉的人，否则不应该相信他人	Yamagishi（1988，1992）
	在生活中如环境污染等问题存在的原因在于，大部分人（或企业）都只看重自己的利益	

续表

构念	测项描述	项目来源
信任	对待陌生人需要小心，直到你认为你可以相信他们	Yamagishi (1988, 1992)
	如果警察变少了，社会就会更加不安全	
	在这个竞争的时代里，如果不保持警惕，别人就可能占你的便宜	

7. 自我建构

独立自我建构和互依自我建构是两种自我建构的类型。两种自我建构可以对立统一地存在于同一个体身上。Singelis（1994）的量表包括独立自我建构和互依自我建构两个部分，涵盖了构成独立和互依自我建构的思想、情感和行为等方面，具有较好的结构信度和效度。Singles 的量表应用较为广泛，我国学者王裕豪等人证明了该量表可以很好地适应中国情境。本文借鉴了王裕豪等人对 Singelis（1994）量表的翻译。

本研究对自我建构的测量，主要参考了 Singelis（1994）研究中的相关量表，设计问项见表 3-12。

表 3-12 自我建构测量项目内容与来源

构念	测项描述	项目来源
互依自我	我对自己结交的权威人士充满敬意	Singelis (1994)
	团队和谐对我来讲很重要	
	周围的人快乐我就快乐	
	乘车时我会主动让座	
	我尊敬那些谦虚的人	
	我愿意为了集体的利益而牺牲个人利益	
	我认为人际关系比个人成就更重要	
	在做教育或职业规划时我会考虑父母的建议	
	尊重集体决定对我来讲非常重要	
	即使在一个团队不开心，如果团队需要，我仍然会留在团队	
	我认为我应该为好友的失败承担责任	
	即使我的观点与团队成员严重分歧，我也会避免争论	

续表

构念	测项描述	项目来源
独立自我	我宁愿直接说"不",也不愿意被误解	Singelis (1994)
	当众发言对我来说不成问题	
	想象力丰富对我来说很重要	
	受表彰或表扬的只有我一个人,我也会心安理得	
	我在家和在外面表现一样	
	不依赖别人是我最在意的	
	不管和谁在一起我都我行我素	
	初识不久,即使对方比我年长很多,我也会直呼其名	
	与初识不久的人相处,我也会开诚布公	
	我喜欢在很多方面都与众不同	
	特立独行对我来说很重要	

3.3.2 预调研和问卷修订

问卷形成后,为了提高研究数据的质量,在正式大规模发放问卷和回收数据之前,要进行问卷的预调研,对问卷测量项目进行分析,并根据分析结果,对测量项目和测量问题进行修正和删除(马庆国,2002)。在前测阶段,主要通过信度分析对问卷进行精简和完善,以保证所有变量的测量问项具有高度的一致性。

1. 信度分析

表3-13中给出了各个构念的纠正项目—整体相关系数(corrected item-total correlation,CITC)和删除该项后的Cronbach's α 值和构念分量表的Cronbach's α 值。从表中可看出,各构念的Cronbach's α 值都在0.7以上,说明信度比较好。在"互依自我"的构念中,"我认为人际关系比个人成就更重要"的测项,不仅CITC值比较低,为0.350,而且删除该项后,Cronbach's α 值等于0.845。另外,在"独立自我"建构的构念中,"我宁愿直接说不,也不愿意被误解"的测项,CITC值比较低,为0.232,而且删除该项后,Cronbach's α 达到0.777值。所以在正式问卷中删除了这两个问项。

表 3-13 预调研量表信度检验一览表

构念 Cronbach's α 与测量项目	CITC	删除该项后的 Cronbach'sα
描述性规范 0.797		
根据您的观察，在小区内投放垃圾时有多少人将垃圾分类投放	0.731	0.621
根据您的观察，在公共场所如地铁、商场内投放垃圾时，有多少人按照可回收与不可回收标志进行分类投放	0.733	0.618
根据您的观察，有多少人将电池等有害垃圾收集起来单独处理	0.484	0.869
主观规范 0.874		
我身边对我重要的人（可以是家人、朋友、同事、室友等）认为我应该将垃圾分类投放	0.740	0.839
我身边对我重要的人（可以是家人、朋友、同事、室友等）认为垃圾分类是一件正确的事情	0.787	0.797
我身边对我重要的人（可以是家人、朋友、同事或室友等）都赞同进行垃圾分类	0.750	0.832
有效性感知 0.800		
对于像垃圾分类这样需要大规模成员参与的问题，我感觉我个人的影响是非常微弱的	0.692	0.692
只要其他大部分人拒绝进行垃圾分类，我一个人的垃圾分类行为是几乎无效的	0.616	0.759
我感觉我个人的垃圾分类的作用是非常微弱的	0.642	0.731
公平感知 0.783		
进行垃圾分类，我感觉我的付出（耗费时间与精力将垃圾按不同的类别分类整理并投放）与回报（环境变得更清洁，资源得以更好地利用）相比是相称的	0.648	0.648
与他人相比，我进行垃圾分类，我的付出与回报相比是公平的	0.648	0.648

续表

构念 Cronbach's α 与测量项目	CITC	删除该项后的 Cronbach's α
行为意愿 0.787		
您有多大可能在小区内投放垃圾时按照可回收与不可回收将垃圾分类投放	0.660	0.674
您有多大可能在公共场所如地铁、公园等投放垃圾时将垃圾按照垃圾箱上的可回收与不可回收标志分类投放	0.722	0.615
您有多大可能将废旧电池等有害垃圾收集起来,单独处理	0.513	0.833
信任 0.771		
除非我们很熟悉的人,否则不应该相信他人	0.566	0.721
在生活中如环境污染等问题存在的原因在于,大部分人(或企业)都只看重自己的利益	0.475	0.751
对待陌生人需要小心,直到你认为你可以相信他们	0.601	0.709
如果警察变少了,社会就会更加不安全	0.463	0.756
在这个竞争的时代里,如果不保持警惕,别人就可能占你的便宜	0.614	0.704
互依自我建构 0.838		
我对自己结交的权威人士充满敬意	0.397	0.833
团队和谐对我来讲很重要	0.588	0.822
周围的人快乐我就快乐	0.591	0.819
乘车时我会主动让座	0.535	0.824
我尊敬那些谦虚的人	0.505	0.826
我愿意为了集体的利益而牺牲个人利益	0.614	0.817
我认为人际关系比个人成就更重要	0.350	0.845
在做教育或职业规划时我会考虑父母的建议	0.417	0.831
尊重集体决定对我来讲非常重要	0.687	0.811
即使在一个团队不开心,如果团队需要,我仍然会留在团队	0.583	0.819
我认为我应该为好友的失败承担责任	0.499	0.826

续表

构念 Cronbach's α 与测量项目	CITC	删除该项后的 Cronbach'sα
即使我的观点与团队成员严重分歧,我也会避免争论	0.415	0.833
独立自我建构 0.774		
我宁愿直接说"不",也不愿意被误解	0.232	0.777
当众发言对我来说不成问题	0.483	0.750
想象力丰富对我来说很重要	0.468	0.753
受表彰或表扬的只有我一个人,我也会心安理得	0.413	0.758
我在家和在外面表现一样	0.360	0.765
不依赖别人是我最在意的	0.403	0.759
不管和谁在一起我都我行我素	0.470	0.752
初识不久,即使对方比我年长很多,我也会直呼其名	0.311	0.770
与初识不久的人相处,我也会开诚布公	0.414	0.758
我喜欢在很多方面都与众不同	0.545	0.741
特立独行对我来说很重要	0.565	0.738

综上,通过本轮信度分析各个测项,删除之后各构念的信度见表3-14,结果显示各构念的 Cronbach's α 值均超过0.7,说明本研究所使用的量表具有比较好的内部信度。

表3-14 预处理后问卷信度一览表

构 念	测项项目	Cronbach's α
描述性规范	3	0.797
主观规范	3	0.874
有效性感知	3	0.800
公平感知	2	0.783
行为意愿	3	0.787
信任	5	0.771
互依自我建构	11	0.845
独立自我建构	10	0.777

2. 效度分析

结构效度是指量表所能够测量理论的概念或特质的程度。因子分析是测量结构效度的常用方法。本文采用Spss18.0软件,通过探索性因子分析的方法检验问卷的结构效度。笔者将本研究中所涉及的构念如描述性规范、主观规范、信任、公平感知、有效性感知与行为意愿一起纳入因子分析的变量范围。

在进行因子分析之前,首先要对有效样本数据进行KMO抽样适当性检验和Bartlett球形检验。KMO(Kaiser-Meyer-Olkin)检验统计量是用于比较变量间简单相关系数和偏相关系数的指标。KMO的统计量取值在0和1之间,它的值越接近1表示变量间的相关性越强,原有变量越适合做因子分析。越接近0表示变量之间相关性越弱,原有变量越不适合做因子分析。Kaiser给出了常用的KMO度量标准:0.9以上表示非常适合;0.8表示适合;0.7表示一般;0.6表示不太适合;0.5以下表示极不适合。Bartlett球形检验是用来检验变量之间彼此独立的假设统计量,其通过显著性检验表示数据具备因子分析的条件。

表3-15 KMO和Bartlett球体检验

KMO 值	0.816
Bartlett 的球形度检验近似卡方	5213.808
Df	171
Sig.	0.000

检验结果显示KMO的值为0.816,Bartlett球形检验的值达到显著性水平(p=0.000<0.001)表明调查样本适合进行因子分析(见表3-15)。本书采用主成分分析方法,进行方差正交旋转,最终提取特征值大于1的因子6个,其特征根均大于1。从表3-16可以看出,各测项的共同度均在0.5以上,因子之间没有出现交叉载荷,表明测项的指向明确,问卷的结构效度比较好。因子分析的结果见表3-16。

表 3-16　预调研的探索性因子分析表

变量	1	2	3	4	5	6	共同度	方差解释率
信任 3	0.919	0.114	0.038	0.081	0.088	0.049	0.876	20.163
信任 1	0.911	0.077	0.070	0.052	0.091	0.108	0.822	
信任 5	0.906	0.115	0.030	0.068	0.066	0.097	0.886	
信任 2	0.889	0.077	−0.019	0.055	0.034	0.086	0.838	
信任 4	0.888	0.149	−0.007	0.125	0.057	0.013	0.865	
主观规范 2	0.112	0.842	0.057	0.134	0.088	0.105	0.779	16.777
主观规范 3	0.085	0.834	0.040	0.092	0.212	0.102	0.824	
主观规范 1	0.143	0.781	−0.023	0.150	0.170	0.123	0.800	
描述性规范 2	−0.025	0.067	0.842	0.022	−0.005	0.110	0.813	9.755
描述性规范 1	0.032	−0.014	0.834	0.015	0.047	0.107	0.819	
描述性规范 3	0.004	0.129	0.781	−0.112	0.013	0.059	0.522	
PCE1	−0.056	−0.103	−0.017	0.848	−0.034	−0.115	0.767	9.458
PCE3	−0.018	−0.054	0.001	0.811	−0.026	−0.104	0.688	
PCE2	−0.040	−0.017	−0.028	0.791	−0.009	−0.055	0.725	
行为意愿 2	0.146	0.024	0.022	0.131	0.852	0.109	0.758	8.206
行为意愿 1	0.110	−0.058	0.022	0.152	0.769	0.151	0.813	
行为意愿 3	0.152	0.102	0.156	0.012	0.683	0.143	0.560	
公平感知 2	0.063	0.099	−0.048	0.073	0.047	0.850	0.879	6.258
公平感知 1	−0.059	0.034	−0.082	−0.012	0.013	0.843	0.879	

3.4　正式问卷调查

通过预调查进一步修改问卷之后，最终形成了正式问卷。在正式调查中，本研究主要采用了便利抽样的方法。具体来看，本次调查主要通过以下几种途径来进行数据收集。①通过在中国人民大学图书馆、学生宿舍发放问卷 200 份，被试者主要是学生群体。②通过在学校周围的超市和一个小商品市场发放问卷 80 份，发放对象主要是居民以及小商贩等。③通过中央财经大学的成人教育班发放问卷 150 份。④通过驾校发放给学员问卷

50份。⑤通过保险公司的朋友发放保险公司员工问卷50份。⑥通过同学、同事和朋友等社会关系发放问卷375份，主要为网上答题的方式。通过上述途径进行数据收集，本研究共发放问卷905份，回收问卷870份，其中有效性样本855份，问卷有效率为98.2%。

第4章
数据分析与模型检验

在第3章对本书实证研究进行总体设计的基础上，本章将对理论模型和研究假设进行实证分析和检验。本章主要包括以下几个部分：①对样本进行描述性统计分析。②对结构方程模型的测量模型进行验证性分析。③对模型与实际数据的拟合程度进行检验，对研究假设进行实证检验。

4.1 样本的描述性统计分析

4.1.1 描述性统计

本研究共发放问卷900份，回收870份，其中有效样本为855份，问卷有效率为98.2%。从被调查对象的性别分布来看，男性占42.6%，女性占57.4%，分布比较合理。从被调查对象的年龄看，调查对象主要集中在18~30岁的年轻人，30~50岁年龄段的人在垃圾分类问卷中占到20%左右，在采用公共交通出行的问卷中占到38%，50岁以上年龄段所占比例较小，年龄分布相对合理。从学历分布来看，主要集中在本科学历，所在城市主要集中在一线城市和二线城市，这主要是由于便利抽样的缘故，具体的样本人口统计状况见表4-1。

表4-1 样本描述性统计分析

人口统计变量	分类项目	垃圾分类 人数	垃圾分类 百分比	减少私家车出行 人数	减少私家车出行 百分比
性别	男	204	44.9	160	40.0
	女	250	55.1	241	60.0
	合计	454	100.0	401	100.0

续表

人口统计变量	分类项目	垃圾分类 人数	垃圾分类 百分比	减少私家车出行 人数	减少私家车出行 百分比
年龄	18~25	243	53.5	158	39.4
	26~30	110	24.2	81	20.2
	31~40	77	17.0	114	28.4
	41~50	16	3.5	39	9.7
	51~60	5	1.1	8	2.1
	60岁以上	3	0.7	1	0.2
	合计	454	100.0	401	100.0
学历	初中及以下	23	5.1	1	0.2
	高中	39	8.6	81	20.2
	大学本科（专科）	222	48.9	276	68.8
	研究生及以上	170	37.4	43	10.7
	合计	454	100.0	401	100.0
年收入	少于1万	48	10.6	22	5.5
	1万~3万元	57	12.6	75	18.7
	3万~6万元	81	17.8	128	31.9
	6万~10万元	125	27.5	84	20.9
	10万~20万	101	22.2	64	16.0
	20万~50万	34	7.5	19	4.7
	50万元以上	8	1.8	9	2.2
	合计	454	100.0	401	100.0
所居住地	一线城市	225	49.6	185	46.2
	二线城市	57	12.5	49	12.2
	其他城市及地区	172	37.9	167	41.6
	合计	454	100.0	401	100.0

4.1.2 缺失值的处理

对于有缺失值的样本，如果缺失值比较少，可以采用列删法。本研究采用了列删法，即将有缺失值的样本的所有数据删除。

4.1.3 多元正态性检验

极大似然估计法（ML）是结构方程中最常用的估计方法。使用该方法求数据符合多元正态分布。通过 Amos 软件对数据进行分析，各观察变量的偏度和峰度的数值和相应的 Z 值见表4-2。由表中数据可知，偏度和峰度的 Z 值的绝对值中很多都大于 1.96，未通过正态分布检验。但由于本研究的样本量远大于 200，会出现非正态夸大的情况。另外，从表中峰度和偏度数值的绝对值来看，偏度绝对值介于 0.067 到 0.981 之间，均小于 3，峰度的绝对值介于 0.073 到 2.226，均远远小于 8，符合多元正态分布的标准（Waternaus，1976）。

表4-2 变量的正态性检验结果（垃圾分类与公共交通出行）

潜在变量	题项	偏度 数值	偏度 z值	峰度 数值	峰度 z值	潜在变量	题项	偏度 数值	偏度 z值	峰度 数值	峰度 z值
描述性规范	描1	0.714	6.229	0.576	2.512	描述性规范	描1	0.395	2.283	-0.887	-2.560
	描2	0.639	5.569	-0.212	-0.924		描2	0.323	1.865	-0.955	-2.756
	描3	0.677	5.907	-0.243	-1.061		描3	0.083	0.478	-1.329	-3.837
主观规范	主1	-0.382	-3.329	-0.239	-1.041	主观规范	主1	-0.500	-2.889	-0.607	-1.751
	主2	-0.294	-2.559	-0.426	-1.855		主2	-0.993	-5.735	0.405	1.171
	主3	-0.587	0.5120	0.181	0.790		主3	-0.404	-2.330	-0.763	-2.203
PCE	PCE1	0.067	0.587	-1.002	-4.369	PCE	PCE1	0.227	1.308	-0.976	-2.817
	PCE2	0.155	1.353	-1.118	-4.875		PCE2	0.320	1.848	-1.066	-3.077
	PCE3	-0.073	-0.639	-1.141	-4.973		PCE3	0.373	2.155	-1.074	-3.100
公平	公1	0.143	1.245	-0.250	-1.090	公平	公1	0.076	0.439	-1.046	-3.018
	公2	0.250	2.179	0.735	3.204		公2	-0.315	-1.817	-0.895	-2.582
意愿	意1	-0.681	-5.939	-0.073	0.318	意愿	意1	-0.354	-2.044	-0.238	-0.688
	意2	-0.981	0.8556	0.676	2.947		意2	-0.708	-4.089	-0.135	-0.388
	意3	-0.722	0.6291	-0.120	-0.523		意3	-0.868	-5.009	0.175	0.506
信任	信1	-0.366	-2.116	-0.725	-2.094	信任	信1	-0.076	-0.618	-1.157	-4.731
	信2	-0.504	-2.910	-0.514	-1.485		信2	-0.500	-3.910	0.941	3.848
	信3	-1.431	-8.265	2.226	6.427		信3	0.707	-5.782	-0.217	-0.886
	信4	0.104	0.600	-0.839	-2.423		信4	0.342	2.798	-0.695	-2.842
	信5	-0.458	-2.644	-0.391	-1.129		信5	-0.482	-3.944	-0.372	-1.522

4.2 信度与效度检验（验证性因子分析）

本节在进行结构方程模型检验之前，首先要对量表的信度与效度进行检验。对量表信度和效度检验结果部分是通过验证性因子分析（CFA）获得的。验证性因子分析属于结构方程模型的一种次模型，是结果方程模型的一种特殊应用。验证性因子分析被用来检验一组测量变量与一组可以解释测量变量的因素构念之间的关系，即检验研究者先前提出的因素结构的适切性，一旦测量的基础确定了，潜在变量的因果关系就可以进一步进行探讨。因此，一般而言，验证性因子分析是进行整合 SEM 分析的一个前置步骤或基础框架（周子敬，2006）。

4.2.1 常用模型拟合指标

在对数据进行检验时，我们需要根据一些指标来判断模型与数据的拟合程度。学者 Baogozzi 和 Yi（1988）主张模型与数据是否拟合主要应该考虑三个方面的指标：一是基本适配度指标；二是整体模型适配度指标；三是模型内在结构适配度指标。在模型基本适配度指标方面，Baogozzi 和 Yi（1988）提出了以下几个准则：

（1）估计参数中不能有负的误差方差，且达到显著水平。

（2）所有误差变异必须达到显著性水平（t 值>1.96）。

（3）估计参数统计量彼此间相关的绝对值不能太接近于 1。

（4）潜在变量与其测量指标之间的负荷量值，最好介于 0.50~0.95。

（5）不能有很大的标准误。

整体模型的适配度可以说是模型外在质量的检验，而模型内在结构适配度的程度则代表各测量模型的信度与效度，是模型的内在质量的检验。具体的有关整体模型适配度的指标见表 4-3。

表 4-3 结构方程拟合度指标及判别标准

指标类型	符号	指数名称	判别标准	判别标准来源
绝对适配度指数	RMESA	近似误差均方根	<0.05（适配良好），<0.08（适配合理）	Hu and Bentler（1999）McDonald and Hu（2002）
	GFI	拟合优度指标	>0.90	Hu and Bentler（1999）
	AGFI	调整拟合优度指标	>0.90	Hu and Bentler（1999）

续表

指标类型	符号	指数名称	判别标准	判别标准来源
增值适配度指数	NFI	规范拟合指数	>0.90	Bentler and Bonet（1980）
	IFI	增值拟合指数	>0.90	侯杰泰，等（2004）
	CFI	比较拟合指数	>0.90	Bentler（1990）
简约适配度指数	PGFI	简约拟合数	>0.50	Mulaik et al.（1989）
	PNFI	简约调整后规则适配指数	>0.50	Mulaik et al.（1989）
		卡方与自由度之比	1~3，表示模型有简约适配程度 >5 模型需要修正	Mulaik et al.（1989）

4.2.2 信度分析

信度是指量表的可靠性或稳定性。信度有外在信度与内在信度之分。外在信度是指在不同时间测量时量表的一致性的程度，再测信度是比较常用的外在信度的检验方法。内在信度是指每一个量表是否测量单一概念，在多选项量表中，内在信度特别重要。测量内在信度的主要方法是Cronbarch（1951）提出的判断信度的标准α值。α值越大，表示该变量的各指标的相关性越大，即内部一致性程度越高。究竟α值多大时，量表才算有比较高的信度，不同的方法论学者的看法也不尽相同。学者Nunnally（1978）认为α值等于0.7是一个比较低的可接受的临界值。大部分学者认为，α值在0.65~0.7是可接受值，在0.70~0.80相当好，在0.80~0.90非常好，在0.5~0.6可以但偏低，0.5以下欠佳，最好删除。

Fornell和Larker（1981）提出了组合信度（Composite Reliability，CR）的概念，组合信度也称为潜在变量的建构信度（construct reliability），主要用于评价潜在构念指标的一致性程度。一些学者建议潜在变量的组合信度应该在0.6以上，高于0.6说明测量指标间的关联度比较高，低于0.6说明测量指标之间的一致性不高。潜在变量的组合信度为模型内在质量的判别标准之一，若是潜在变量的组合信度值在0.6以上，表示模型的内在质量理想。本文中所涉及的几个构念如描述性规范、个人规范、有效性感知、公平感知、行为意愿的组合信度在0.79~0.865，超过0.6，表示信度比较理想，具体信度值见表4-4。

表4-4 潜在变量的信度检验

潜在变量	测量问项数量	垃圾分类行为 Cronbach's α 值	垃圾分类行为 复合信度	公共交通出行行为 Cronbach's α 值	公共交通出行行为 复合信度
描述性规范	3	0.80	0.815	0.845	0.858
主观规范	3	0.88	0.865	0.794	0.802
有效性感知	3	0.80	0.80	0.80	0.786
公平感知	2	0.78	0.79	0.685	0.714
行为意愿	3	0.79	0.81	0.801	0.803
信任	5	0.78	0.84	0.721	0.832
互依自我	6	0.85	0.861	0.719	0.850
独立自我	5	0.77	0.855	0.80	0.86

4.2.3 效度分析

1. 收敛效度

收敛效度是指测量同一个概念时不同问项之间的相关程度。收敛效度的检验分两步：

第一步，看问项在每个变量上的标准化载荷系数，它反映了问项与潜在变量之间的共同方差大于问项与误差方差之间的共同方差，标准化载荷系数大于0.5时表示潜变量具有较好的收敛效度。

第二步，查看平均方差抽取量（Average Variance Extracted，AVE）。平均方差抽取量可以直接显示被潜在的构念所解释的变异量有多少来自测量误差，平均方差抽取量越大，指标变量被潜在变量构念解释的变异量百分比越大，相对的测量误差就越小，一般的判别标准是AVE要大于0.5。平均方差抽取量是一种收敛效度的指标，其数值越大，表示测量指标越能够反映其共同因素构念的潜在特质。本研究利用Amos软件，根据AVE的公式计算得到各潜在变量的标准化载荷系数及AVE值。从表4-5中的数据可以看到，各测项的因素负荷量都在0.5以上，平均变异抽取量的值也都在0.5以上，说明本研究的各变量具有比较好的收敛效度。

表 4-5 潜在变量的验证性因子分析结果

潜在变量	测量指标	垃圾分类行为 因素负荷量	垃圾分类行为 组合信度	垃圾分类行为 平均变异量抽取值（AVE）	采用公共交通出行行为 因素负荷量	采用公共交通出行行为 组合信度	采用公共交通出行行为 平均变异量抽取值（AVE）
描述性规范	描1	0.90	0.815	0.607	0.93	0.858	0.673
	描2	0.86			0.87		
	描3	0.52			0.63		
主观规范	主1	0.93	0.865	0.68	0.82	0.802	0.575
	主2	0.87			0.75		
	主3	0.66			0.70		
信任	信任1	0.92	0.900	0.701	0.82	0.832	0.500
	信任2	0.87			0.67		
	信任3	0.88			0.62		
	信任4	0.72			0.70		
	信任5	0.78			0.71		
有效性感知（PCE）	PCE1	0.80	0.80	0.569	0.89	0.786	0.556
	PCE2	0.71			0.71		
	PCE3	0.75			0.61		
公平感知	公平1	0.77	0.787	0.649	0.71	0.714	0.556
	公平2	0.84			0.78		
行为意愿	意愿1	0.81	0.807	0.589	0.85	0.803	0.589
	意愿2	0.88			0.82		
	意愿3	0.58			0.61		
独立自我建构	独立1	0.80	0.861	0.559	0.83	0.850	0.538
	独立2	0.81			0.81		
	独立3	0.79			0.79		
	独立4	0.77			0.68		
	独立5	0.65			0.51		

续表

潜在变量	测量指标	垃圾分类行为			采用公共交通出行行为		
		因素负荷量	组合信度	平均变异量抽取值（AVE）	因素负荷量	组合信度	平均变异量抽取值（AVE）
互依自我建构	互依1	0.83	0.855	0.503	0.86	0.860	0.510
	互依2	0.78			0.82		
	互依3	0.76			0.73		
	互依4	0.65			0.67		
	互依5	0.70			0.65		
	互依6	0.48			0.51		

2. 判别效度

判别效度是指构念与构念间相区别的程度。可以由平均变异量抽取值（AVE）的平方根与潜在变量间的相关系数的比较来判断。如果 AVE 的平方根超过潜在变量的相关系数，说明两变量之间可以区分，量表有比较好的判别效度。计算值见表 4-6 与表 4-7。从表中的数值可以看到，AVE 的平方根（表中对角线上的值）均大于各构念之间的相关系数值。说明本研究的潜在变量之间具有较好的判别效度。

表 4-6 相关系数矩阵与 AVE 的平方根（垃圾分类行为）

潜在变量	描述性规范	主观规范	有效性感知	公平感知	行为意愿	信任
描述性规范	0.820	—	—	—	—	—
主观规范	0.094	0.758	—	—	—	—
有效性感知	0.188	0.249	0.745	—	—	—
公平感知	0.225	0.147	0.318	0.806	—	—
行为意愿	0.201	0.516	0.200	0.235	0.767	—
信任	0.036	0.256	0.102	0.041	0.260	0.837

▶注：上表中对角线上的数字表示 AVE 的平方根，对角线下的数字表示相关系数。

表 4-7 相关系数矩阵与 AVE 的平方根（公共交通出行行为）

潜在变量	描述性规范	主观规范	有效性感知	公平感知	行为意愿	信任
描述性规范	0.779	—				
主观规范	0.542	0.824	—			
有效性感知	0.267	0.247	0.754	—		
公平感知	0.286	-0.396	0.392	0.745	—	
行为意愿	0.443	0.606	0.302	0.475	0.767	—
信任	0.113	0.107	0.102	0.074	0.168	0.707

▶注：上表中对角线上的数字表示 AVE 的平方根，对角线下的数字表示相关系数。

3. 整体模型适配度指标检验

表 4-8 给出了整体模型的拟合水平。从绝对适配度指数来看，P = 0.000，CMIN/DFDE = 2.274 > 2，但是符合 <5 的较为宽松的标准。而且，卡方与自由度的比较很容易受到样本量大小的影响。还要参考其他的适配度指标进行综合判断。其他指标如近似误差平方根 RMESA = 0.053 < 0.08，残差均方和平方根 RMR = 0.044 < 0.05，适配度指数 GFI，AGFI 均超过 0.92，简约适配度指数中，PGFI = 0.653，PCFI = 0.764 均大于 0.5，增值适配度指数 NFI = 0.956，RFI = 0.944，CFI = 0.974 均超过了 0.9。可见，各种拟合指标均处于可接受的范围内，说明假定模型与实际数据契合，模型的适配度比较好。

表 4-8 测量模型拟合指标及数据结果

拟合指标	CMIN/DFDE	RMESA	RMR	GFI	AGFI	NFI	CFI	PGFI	RFI	PCFI
垃圾分类	2.274	0.053	0.044	0.944	0.935	0.956	0.974	0.653	0.944	0.764
公交出行	2.000	0.061	0.036	0.923	0.918	0.920	0.957	0.613	0.938	0.723

4.3 结构方程模型分析

4.3.1 因子不变性检验

通过上一节对量表的信度与效度检验可知，样本数据适合进一步验证。由于本章对两类生态消费行为进行了分别调查，首先采用结构方程模型的方法，对两样本的数据是否具有全因子不变模型进行检验，如果具有全因子不变性，则说明本研究提出的模型在两类生态消费行为中具有通用性，可以将两样本数据进行合并，并进一步分析因子之间的因果关系，验证假设。如果不存在因子不变性，则要考察模型在不同样本中哪些指标之间存在差异，从而可以对比不同样本数据之间的差异。

因子不变性检验首先要检验因子形式上的不变性。即不同样本数据都能很好地吻合同一 CFA 模型，即对于因子个数、每个因子下属的指标变量的个数以及具体的变量在不同样本间是完全同一的；其次，因子不变性检验是指可测指标与潜在变量之间的关系在不同样本之间的一致性。如果得到了概念上的不变性，则可进行路径系数之间的对比。因此，具体的步骤是：

第一步，分别基于不同样本运行 CFA 模型，若这个模型在两个样本都能得到拟合，则证明因子形式上的不变性。

第二步，在因子形式不变性获得保障的情况下，将以上两个模型堆砌在同一个 CFA 程序中，形成检验因子不变性的基线模型。

第三步，在模型 1 的基础上，将所有指针变量与潜在变量的关系在不同样本之间一一对应等同起来，得到一个全因子不变模型。

第四步，对全因子模型与基线模型进行对比，如果拟合明显变差，说明全因子不变性不存在，需要进一步排查哪个指标变量在样本之间存在差别，得到部分全因子模型。如果没有明显变差则说明两个样本之间没有差异。可以将数据合并检验模型间变量的因果关系。

按照上述操作步骤，模型测量平衡性及路径系数比较结果见表 4-9。独立模型 CFA 模型拟合的指数符合标准，说明提出的构念在两样本中具有相同的因子结构，即因子形式不变性得到了验证。从全因子模型 Model2 与基线模型 Model1 的比较来看，$\Delta x^2/\Delta df$ 比值为 4.812，小于侯杰泰等（2004）的建议值 5，说明拟合指标没有显著变差，证明所提模型在两个样本中的负荷量相同，因此可将两个样本合并对所提假设进行检验。

表 4-9 因子不变性检验结果

模型	x^2	df	RMESA	TLI	CFI	Δx^2	Δdf
独立 CFA Model0（公交）	273.918	138	0.053	0.950	0.957		
Model0（垃圾）	303.830	138	0.056	0.955	0.964		
基线模型 Model1	634.038	276	0.062	0.944	0.948		
全因子不变模型 Model2	725.470	295	0.065	0.941	0.950	91.432	19

4.3.2 假设检验

总体样本结构模型的各项指标见表 4-10。从绝对适配度指数来看，P = 0.000，CMIN/DFDE = 3.148 > 2，但是符合较为宽松的小于 5 的标准。其他指标如近似误差平方根 RMESA = 0.069 < 0.08，残差均方和平方根 RMR = 0.034 < 0.05，适配度指数 GFI，AGFI 均超过 0.9，简约适配度指数中，PGFI = 0.698，PCFI = 0.716 均大于 0.5，增值适配度指数 NFI = 0.921，RFI = 0.900，CFI = 0.944 均超过 0.9。可见，各种拟合指标均处于可接受的范围内，说明假定模型与实际数据契合，模型的适配度比较好。

表 4-10 总体样本结构模型拟合指标及数据

拟合指标	CMIN/DFDE	RMESA	RMR	GFI	AGFI	NFI	CFI	PGFI	RFI	PCFI
数值	3.148	0.069	0.034	0.921	0.918	0.921	0.944	0.698	0.900	0.716

假设检验情况见表 4-11，从结果可以看到大部分的假设都得以支持。其中描述性规范与主观规范对消费者有效性感知的标准路径系数分别是 0.129（p<0.05）和 0.255（p<0.001）说明当消费者感觉到该行为越普及时，身边的人越期望自己参与该行为时，感觉到自己的行为对环境保护起到的作用越有效。当消费者感觉到自己的行为越有效时，就越可能参与到生态消费行为中，也就是说参与生态消费的意愿越高，有效性感知到生态消费意愿的标准路径系数为 0.172（p<0.05）。因此，假设 1、假设 2、假

设3得到了支持。从数据上可知，消费者有效性感知与消费者公平感知与生态消费意愿正相关，而且消费者有效性感知也正向影响消费者公平感知。消费者公平感知除了受到有效性感知的影响外，还受到描述性规范的影响。描述性规范到公平感知的路径系数为0.198（p<0.001），即当消费者感觉到有更多的人参与生态消费行为的时候，公平感提高了，而主观规范对公平感知几乎是没有影响的。公平感知到生态消费意愿的影响得到了验证，路径系数为0.228（P<0.001）。总体样本社会规范对生态消费意愿结构方程模型见图4-1。

表4-11 总体样本模型假设检验结果

假设	假设和路径关系	标准化系数	显著性水平	是否支持假设
假设1	描述性规范→有效性感知	0.129*	P=0.021	是
假设2	主观规范→有效性感知	0.255***	P<0.001	是
假设3	有效性感知→生态消费意愿	0.172*	P=0.004	是
假设4	有效性感知→公平感知	0.305***	P<0.001	是
假设5	描述性规范→公平感知	0.198***	P<0.001	是
假设6	主观规范→公平感知	0.009	P=0.881	否
假设7	公平感知→生态消费意愿	0.228***	P=0.001	是

▶注：***表示p<0.001 *表示p<0.05

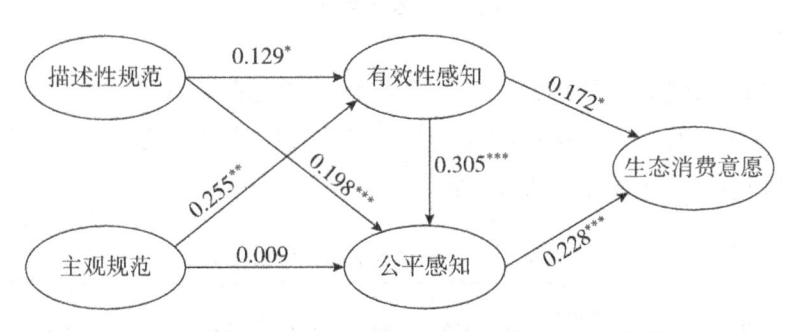

图4-1 总体样本社会规范对生态消费意愿结构方程模型

4.3.3 消费者有效性感知与公平感知的中介效应检验

当一个变量在某种程度上能够解释自变量和因变量之间的关系时，就认为该变量起到了中介效应。中介变量是用来解释变量之间为什么会存在关系以及这种关系是如何发生的。在下面的分析中，我们通过对带有直接路径的嵌套模型与假设模型之间进行比较，来讨论消费者有效性感知与公平感知的中介作用（Palmatier et al., 2006; Zhao, Lynch and Chen, 2010）。

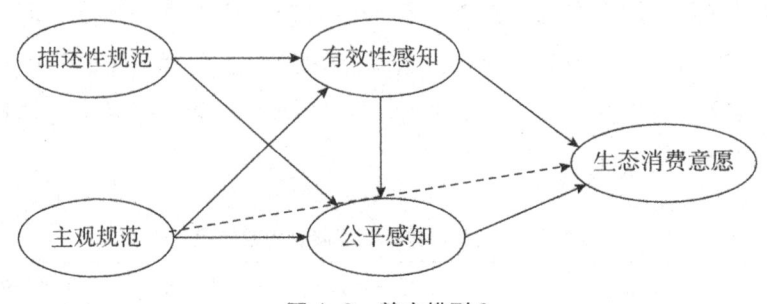

图 4-2 基本模型 2

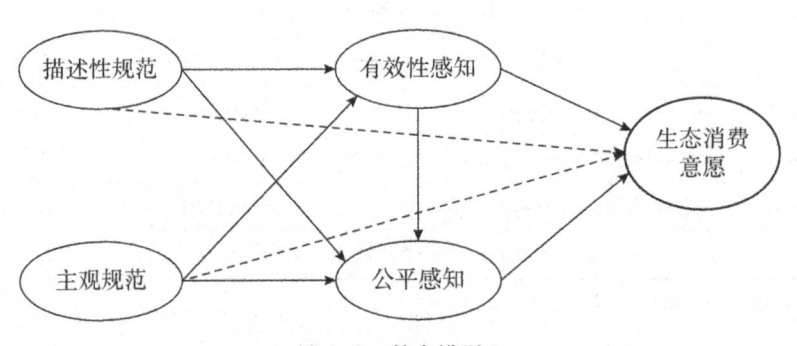

图 4-3 基本模型 3

在基本模型 2 中我们加入了主观规范与意愿的直接关系，见图 4-2，在模型 3 中，我们加入描述性规范与意愿的直接关系，见图 4-3，重新进行模型拟合后得到结果见表 4-12。

表 4-12 不同模型的拟合度指标

模型	卡方	df	CMIN/DFDE	RMESA	CFI	TLI	TFI	RFI	NFI	PCFI
1	217.189	69	3.148	0.069	0.944	0.927	0.944	0.900	0.921	0.716
2	207.038	68	3.045	0.067	0.947	0.930	0.948	0.903	0.924	0.708
3	175.852	67	2.625	0.060	0.956	0.944	0.959	0.913	0.936	0.706

从分析来看，模型各项拟合指数较好，模型可以接受。模型 1 的 x^2 = 217.189，df = 69，模型 2，x^2 = 207.038，df = 68，Δx^2 = 10.061>3.84 说明较复杂的模型 2 更能准确描述数据的实际情况。模型 3 x^2 = 175.852 和模型 2 相比较，Δx^2 = 31.148>3.84，说明模型 3 更接近数据的真实情况。模型 3 具体的路径系数及显著程度见表 4-13。

表 4-13　模型 3 的路径系数及显著性检验

假设和路径关系	回归系数	标准化系数	T 值	显著性水平
描述性规范→生态消费意愿	0.108*	0.117	2.275	P=0.023
主观规范→生态消费意愿	0.291***	0.260	4.951	P<0.001
描述性规范→有效性感知	0.128*	0.129	2.317	P=0.021
主观规范→有效性感知	0.280***	0.237	3.978	P<0.001
描述性规范→公平感知	0.160***	0.194	3.374	P<0.001
主观规范→公平感知	-0.007	-0.006	-0.115	P=0.909
有效性感知→公平感知	0.209***	0.264	2.722	P=0.006
有效性感知→生态消费意愿	0.050	0.055	0.947	P=0.344
公平感知→生态消费意愿	0.206**	0.195	34.225	P=0.001

▶注：***表示 p<0.001　*表示 p<0.05

从表 4-13 中可以看出，描述性规范到生态消费意愿的路径系数为 0.108，p<0.05，主观规范到生态消费意愿的路径系数为 0.291，p<0.001，说明描述性规范与主观规范在该模型中存在着直接影响，同时我们注意到描述性规范到有效性感知与公平感知的关系依然是显著的，而主观规范到有效性感知也是显著的，说明有效性感知与公平感知只起到了部分中介的作用。

4.3.4　自我建构调节作用检验

除了对总样本的研究模型进行检验，本研究还将检验社会规范是否对不同自我建构的群体有着不同的影响。本研究共收集样本 855 份，依照一些学者在自我建构研究中所采用的方法，本研究用被试者独立自我的均值减去互依自我的均值，然后将该差值的中值作为标准把被试者分为独立自我建构者与互依自我建构两个群体（Kacen and Lee，2002）。首先要考察不同自我建构群体的模型的拟合情况。从表4-14可知，对于独立自我建构与互依自我建构的群体，模型的拟合度都可以接受。相比较来看，互依自我建构比独立自我建构的模型拟合度更好。

表4-14 不同自我建构样本模型的拟合度指标

拟合指标	CMIN/DFDE	GFI	AGFI	CFI	IFI	PNFI	RMESA	自我建构
数值	2.454	0.935	0.920	0.947	0.951	0.682	0.076	独立自我
	2.161	0.931	0.918	0.949	0.958	0.665	0.076	互依自我

本研究通过以下统计量来进行假设检验，将独立自我建构的个体的样本设为样本1，将互依自我建构的个体样本设为样本2。

$$T = \frac{x_1 - x_2}{\sqrt{\frac{(n_1-1)s_1^2 + (n_2-1)s_2^2}{n_1 + n_2 - 2}\left(\frac{1}{n_1} + \frac{1}{n_2}\right)}}$$

其中，n_1表示独立自我建构的个体样本数量，n_2表示互依自我建构的个体的样本数量，x_1表示样本1结构模型的标准化系数，x_2表示样本2结构模型的标准化系数，s_1表示样本1结构模型的路径分析的标准误，s_2表示样本1结构模型的路径分析的标准误。

表4-15给出了不同的自我建构类型群体的假设检验情况，首先比较描述性规范对公平感知与有效性感知的影响。对于独立自我建构的个体，我们发现，描述性规范对有效性感知和公平感知的影响是不显著的，而对于互依自我建构的个体，描述性规范对有效性感知和公平感知的影响是显著的。

我们进一步比较，对于独立自我建构与互依自我建构，主观规范对有效性感知与公平感知的影响是否存在显著的差异。从路径系数来看，独立自我建构的个体与互依自我建构的个体，主观规范对有效性感知都是显著的，而对于公平感知，独立自我建构的个体与互依自我建构的个体，主观规范与公平感知都是不显著的。

对于主观规范与有效性感知的关系，表4-15的路径分析结果$x_1 = 0.273$，$s_1 = 0.070$，$n_1 = 380$，$x_2 = 0.235$，$s_2 = 0.106$，$n_2 = 445$。根据上述统

计量计算得到 T=4.41，P<0.001。T=4.41>临界值 3.291。因此，对于主观规范到有效性感知的关系，独立自我建构与互依自我建构的个体是存在差异的。具体来说，相比互依自我建构的个体，对于独立自我建构的个体，主观规范与有效性感知的关系更强。这可能是由于独立自我建构的个体并不受描述性规范的影响。

对于主观规范与公平感知的关系，将表 4-15 的路径分析结果 x_1 = 0.048，s_1 = 0.080，n_1 = 380，x_2 = -0.061，s_2 = 0.080，n_2 = 445 带入上述统计量算出 T 值 = 13.004，p<0.001。T=13.004>临界值 3.291。因此，对于主观规范与公平感知的关系，独立自我建构与互依自我建构的个体是存在差异的。具体来说，对于独立自我建构的个体，主观规范正向影响公平感知，而对于互依自我建构的个体来说，主观规范负向影响公平感知。但是，需要注意的是主观规范对公平感知的关系是不显著的。

表 4-15　不同自我建构消费者样本模型的路径分析结果

假设和路径关系	标准化系数	标准误	T 值	显著水平	自我建构
描述性规范→有效性感知	0.093	0.070	1.277	P=0.202	独立自我
主观规范→有效性感知	0.273	0.088	3.561	P<0.001	独立自我
描述性规范→公平感知	0.142	0.064	1.936	P=0.053	独立自我
主观规范→公平感知	0.048	0.080	0.621	P=0.535	独立自我
描述性规范→有效性感知	0.187	0.095	2.112	P=0.035	互依自我
主观规范→有效性感知	0.235	0.106	2.742	P=0.006	互依自我
描述性规范→公平感知	0.260	0.078	2.804	P=0.005	互依自我
主观规范→公平感知	-0.061	0.080	-0.739	P=0.460	互依自我

4.3.5　信任的调节效应检验

本研究利用层次回归分析方法检验信任对社会规范（包括描述性规范与主观规范）和有效性感知与公平感知之间关系的调节效应。首先检验有效性感知作为因变量时，信任对社会规范与有效性感知之间关系的调节作用。然后以公平感知作为因变量检验信任对社会规范与公平感知关系的调节作用。

1. 信任对社会规范与有效性感知影响的调节效应检验

由于预测变量和调节变量的乘积项存在较高的相关性，中心化后可减少变量之间的多重共线性问题，因此在检验调节效应前将所有的变量进行中心化处理。层次回归分析方法具体使用分为三步：①将自变量和控制变量对结果变量进行回归；②加入调节变量信任；③加入自变量和调节变量的乘积。信任对社会规范与有效性感知之间的调节效应的检验结果见表4-16，表中给出了 R^2，ΔR^2，F 等统计值，并标注了它们的显著水平。

表4-16 信任的调节作用（有效性感知作为因变量）

变量	有效性感知			
	Step 1	Step 2	Step 3	Step 4
性别	0.106*	0.103*	0.101*	0.103*
年龄	-0.128*	-0.136*	-0.139*	-0.136*
学历	0.029	0.020	0.018	0.020
收入	0.147*	0.148*	0.146*	0.148*
Z主观规范	0.171***	0.158***	0.160***	0.158**
Z描述性规范	0.140*	0.142*	0.142*	0.141*
Z信任	—	0.060	0.061	0.060
Z主观规范×Z信任	—	—	0.034	—
Z描述性规范×Z信任	—	—	—	0.008
R^2	0.120	0.123	0.124	0.123
ΔR^2	—	0.003	0.001	0.000
F值	8.458	10.055	10.61	10.643
ΔF值	8.458	1.597	0.555	0.033

▶注：***表示 $p<0.001$ *表示 $p<0.05$

从表4-16中可以看出，自变量描述性规范与主观规范正向影响有效性感知，加入调节变量信任后，主观规范与描述性规范的系数依然显著，信任的系数不显著，$\Delta R^2 = 0.003$ 不显著，加入信任与主观规范的交互项后，发现 $\Delta R^2 = 0.001$，不显著。说明信任对主观规范和有效性感知之间的关系没有显著的正向调节作用。而加入信任与描述性规范的交互项后，发

现 R^2 没有改变,说明信任对描述性规范与有效性感知的关系没有调节效应。综上所述,信任在社会规范与有效性感知之间的关系的调节效应没有得到验证,即假设 10.1 与假设 10.2 没有得到验证。

2. 信任对社会规范与公平感知的调节效应检验

下面本研究使用相同的方法检验信任对社会规范与公平感知间关系的调节效应。以公平感知为因变量,检验描述性规范与主观规范与公平感知的关系是否受到了信任的调节。

(1) 信任对主观规范与公平感知关系的调节效应检验结果见表 4-17。

表 4-17 信任的调节作用(公平感知作为调节变量)

变量	公平感知			
	Step 1	Step 2	Step 3	Step 4
性别	-0.019	-0.013	-0.023	-0.025
年龄	0.053	0.053	0.033	0.043
学历	0.089	0.090	0.083	0.095
收入	-0.067	-0.062	-0.070	-0.065
Z 主观规范	0.009	0.018	0.032	0.020
Z 描述性规范	0.172*	0.172*	0.172*	0.147*
Z 有效性感知	0.282***	0.281***	0.275***	0.279***
Z 信任	—	-0.009	-0.004	-0.002
Z 主观规范×Z 信任	—	—	0.165***	—
Z 描述性规范×Z 信任	—	—	—	0.201***
R^2	0.135	0.137	0.163	0.176***
ΔR^2	—	0.000	0.027***	0.039***
F 值	8.410	8.443	22.05	42.356
ΔF 值	8.410	0.033	13.607	20.362

▶ 注:***表示 $p<0.001$ *表示 $p<0.05$

从上表 4-17 的数据中我们发现,主观规范对公平感知的影响不显著。在加入主观规范与信任的乘积项之后,我们发现 ΔR^2 等于 0.027,ΔF 值等于 13.607 显著，主观规范与信任的交互项系数为 0.165，P<0.001 说明信任显著影响了主观规范与公平感知的关系。

为了更好地厘清主效应不显著的原因，更形象地表达调节效应所起到的作用及具体的影响模式。本文按照刘军（2008）推荐的方法，通过标准化转换的系数确定 4 点，其"高"点取值为 1，"低"点取值为 -1。得到调节效应见图 4-4。

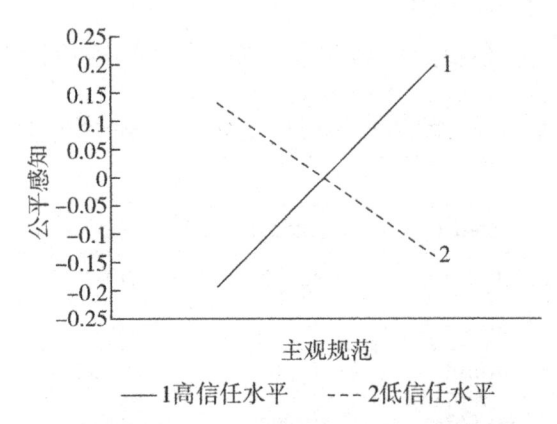

图 4-4　信任对主观规范与公平感知的调节效应

从图 4-4 中可以看出，信任对主观规范与公平感知的调节效应是显著的，主观规范对公平感知的主效应不显著是由于交互效应掩盖了主观规范到公平的效应。在高信任水平上，主观规范正向影响公平感知，而在低信任水平上，主观规范负向影响公平感知。

在本书中信任是对他人尤其是陌生人的普遍信任，在社会两难情境下可以理解为对他人是否会合作的一种预期。当个体预期他人会选择合作时，来自身边重要他人的期望或压力能够增加其公平感知。而当个体信任水平较低时，即其对在两难情境中他人选择合作的预期较低，这时来自身边重要他人的期望和压力会增加个体的不公平感。个体会觉得其他人都不做而要求我去做对我来讲是不公平的。

（2）信任对描述性规范与公平感知关系的调节效应检验

从表 4-17 中可以看到，在加入描述性规范与信任的交互项系数之后，ΔR^2 等于 0.039，ΔF 值等于 20.362 在 0.05 水平上显著，而描述性规范与信任的交互项的系数为 0.201，P<0.001，说明信任正向调节了描述性规范

到公平感知之间的关系。

从图 4-5 中可以更清晰地看出信任对描述性规范对公平感知影响的调节效应。

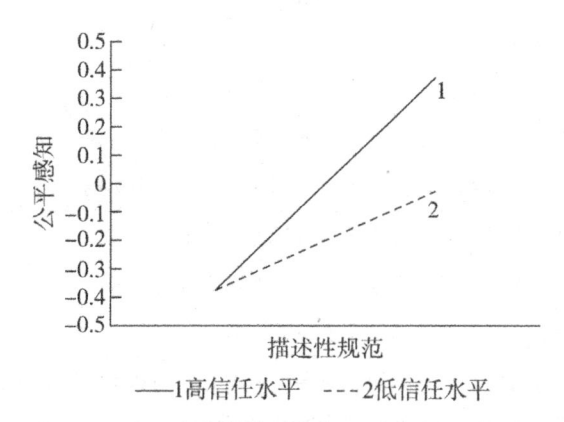

图 4-5 信任对描述性规范到公平感知的调节效应

在高信任水平下，描述性规范对公平感知的影响更大，发挥更重要的作用，而在低信任水平下，描述性规范对公平感知存在正向的影响，但是影响程度较小。这种现象的出现可能是由于信任水平较高的个体对其他人的预期也比较高，当他感觉到实际情况与其预期相一致时，会增强其公平感，而当他感觉到的实际情况与其预期不一致时，尤其是实际情况比预期低时，由于人们对不公平是更厌恶的，信任水平高的人感受到的心理落差更大，对不公平的感知也更加强烈。而信任水平相对较低的人对其他人进行生态消费的预期比较低，因此，大部分他人是如何做的对其公平感的影响相对较小。因此假设 11.1 与假设 11.2 得到了验证。

4.3.6 假设检验汇总

利用问卷调查的方法，共回收问卷 870 份，剔除无效问卷后，对数据进行了整体分析。利用 Spss18 对数据的样本分布做了描述性统计，利用结构方程模型软件 Amos，通过验证性因子分析方法检验了问卷的信度与效度。最后利用结构方程模型的方法检验了数据与模型的整体拟合度，并对本研究的假设进行了验证。验证了有效性感知与公平感知在模型中的部分中介效应，并通过分组对比验证了自我建构在社会规范对生态消费意愿的调节效应，通过层次回归方法对信任水平在社会规范与有效性感知和公平感知关系上的调节效应进行了验证。本研究假设的总体验证情况见表4-18。

表4-18 社会规范对生态消费意愿影响机制模型假设检验结论

序号	研究假设	结论
假设1	描述性规范对消费者有效性感知有显著正向影响	支持
假设2	主观规范对消费者有效性感知有显著正向影响	支持
假设3	消费者有效性感知正向影响生态消费意愿	支持
假设4	消费者有效性感知对消费者公平感知有显著正向影响	支持
假设5	描述性规范对消费者公平感知有显著正向影响	支持
假设6	主观规范对消费者公平感知有显著正向影响	不支持
假设7	消费者公平感知正向影响生态消费行为	支持
假设8.1	相对独立自我建构的个体，对于互依自我建构的个体来说，描述性规范与有效性感知的正向关系更强	支持
假设8.2	相对独立自我建构的个体，对于互依自我建构的个体来说，主观规范与有效性感知的正向关系更强	不支持
假设9.1	相对独立自我建构的个体，对于互依自我建构的个体来说，描述性规范与公平感知的正向关系更强	支持
假设9.2	相对独立自我建构的个体，对于互依自我建构的个体来说，主观规范与公平感知的正向关系更强	不支持
假设10.1	相比于低信任水平，高信任水平下，描述性规范与有效性感知的正向关系更强	不支持
假设10.2	相比于低信任水平，高信任水平下，主观规范与有效性感知的正向关系更强	不支持
假设11.1	相比于低信任水平，高信任水平下，描述性规范与公平感知的正向关系更强	支持
假设11.2	相比于低信任水平，高信任水平下，主观规范与公平感知的正向关系更强	支持

第5章
研究结论、管理应用与展望

本书以社会规范对人们的生态消费意愿的作用机制为研究主线,通过问卷调查的方法,分析与检验了社会规范包括大部分人是如何做的描述性规范与身边重要他人期望我们如何做的主观规范对生态消费意愿的影响。通过引入中介变量有效性感知与公平感知进一步深入挖掘社会规范影响生态消费意愿的原因。在此基础上本文检验了对于不同自我建构类型的个体,以及不同信任水平的个体,社会规范对其影响的程度是否存在差异。通过对上一章中的实证分析结果进行综合性陈述和讨论,提出本文的理论贡献和对管理实践的启示。最后指出文章的不足与未来的研究方向。

5.1 研究结论与讨论

生态消费的主流研究范式是研究生态态度到行为的关系。但是这种研究范式越来越受到学者们的质疑。首先,在现实生活中的生态消费领域,态度与行为存在着广泛的不一致现象。人们对环境的积极态度并没有转变为实际的生态消费行为。其次,在实证研究中,学者们发现生态态度与行为之间的关系是微弱的。那么如何解释这种现象?还有哪些因素制约影响着人们的生态消费行为?

本书基于社会两难视角和社会两难中的相关理论,提出人们在生态消费领域态度与行为存在着差距的原因在于生态消费对人们来说是一个社会两难的困境。人们在进行相关的生态消费行为时,经常面临着最大化自我利益还是最大化集体利益的两难抉择。

由于生态消费行为涉及生活中的方方面面,在进行生态消费行为时人们遇到的两难困境的程度是不一样的,本文认为在消费者心目中有些行为在短期内偏向利他的程度更高,针对偏向利他程度高的行为来说,消费者面临的两难困境就更明显。本文通过一个小调查发现,垃圾分类与少开私家车、采用公共交通出行这两种行为在消费者心目中偏利他的程度比较高,因此,本书选择了这两类行为作为研究的对象。

生态消费行为是多人困境,是大规模的两难问题。人们进行生态消费不仅仅是个体的选择,同时也是和群体博弈的结果。人们进行生态消费不仅仅受到个人的价值观及态度的影响,同时在很大程度上会受到群体中他人行为的影响。

本书着力从他人影响的角度来分析影响人们生态消费意愿的因素。因为社会规范是社会影响理论的一个分支,近年来,在社会两难情境下,社会规范的作用越来越受到人们的重视。但是前人的研究还存在着一些不足,首先,很少有研究将描述性规范与强制性规范一起研究;其次,对社会规范是如何影响行为的机制还不清楚。因此,笔者试图在上述不足之处做一些尝试,希望可以得到一些有价值的结论。本书验证了学者 Cialdini (1990) 关于社会规范可以分为描述性规范与强制性规范的结论。通过验证性因子分析,与判别效度分析,我们发现描述性规范与主观规范是两个不同的构念。描述性规范主要指的是大家都是如何做的,而主观规范指的是身边的人期待你如何做。大多数时候社会的期待(大家期待你如何做)与社会现实(大家实际是如何做的)是一致的,但是也有社会期待与社会现实不一致的情况。本书进一步探讨了描述性规范与主观规范对生态消费意愿的影响机制。

5.1.1 生态消费的社会规范对消费者有效性感知的影响

1. 生态消费的主观规范与描述性规范正向影响消费者进行生态消费行为的有效性感知

通过前面的数据分析结果显示,描述性规范显著正向影响有效性感知,主观规范同样显著正向影响有效性感知,且主观规范对有效性感知的影响更大。即当消费者感觉到越多的人参与垃圾分类或采用公共交通出行时,他感觉到自己相应的行为对促进环境保护与空气质量的改善越有效。这是因为环境是一种公共物品,环境美好这样的群体目标需要全体社会成员的共同努力才能实现,当参与的社会成员越多,目标实现的可能性越大，个体也就觉得自己的行为越有效。

主观规范是指身边的重要他人对自己参与某种行为的期望。从数据分析结果来看，当来自身边重要他人的期望越高，他人越赞同垃圾分类，越认为垃圾分类是一件正确的事情，那么个体感觉到的社会对该生态消费行为的赞同程度越大，社会对自己参与该行为的期望也就越大，因此，个体感觉到进行生态消费行为的正确性与有效性越高。值得注意的是，相比描述性规范（大部分他人是如何做的），主观规范（大部分他人期望我们如何做）对消费者有效性感知的影响更大。这和主观规范与描述性规范本身的特点是相关的，描述性规范即他人实际情况下是如何做的，对我们的影响是潜移默化的，通常我们对他人的模仿是潜意识的，他人的行为对我们的影响并不需要经过精细的认知路径。而强制性规范尤其是主观规范是身边人对我们的期望，相比描述性规范，主观规范带给人们的压力更大，因此，主观规范对消费者有效性感知的影响更大也是符合情理的。同时，我们也要注意到在影响消费者有效性感知的作用上，描述性规范也起到了很大的作用。在此基础上，本文进一步分析了对于不同自我建构的类型以及不同的信任水平，描述性规范与主观规范到有效性感知的影响效应上是否会存在差距呢？

2. 自我建构类型与信任水平对生态消费的社会规范到有效性感知的调节作用

（1）自我建构的调节效应的检验结果显示，我们的预测得到了验证。即对于独立自我建构类型的个体来说，感知生态消费的描述性规范对有效性感知的影响是不显著的，而对于互依自我建构类型的个体来说，描述性规范对有效性感知的正向影响是显著的。这说明互依自我建构的个体更容易受到其他人是如何做的影响，而独立自我建构的个体认为自己与他人是相分离的，更看重自己的思想与能力，因此他人是否进行生态消费行为，不能影响独立自我建构的个体对自我有效性的感知。另外，在主观规范对有效性感知的影响上我们发现，对于独立自我建构的个体与互依自我建构的个体来说，主观规范对有效性感知的影响都是显著的，但是对比路径系数发现，二者存在着显著的差异，对于互依自我建构的个体来说，主观规范对有效性感知的效应相对要小。这可能是由于互依自我建构的个体还受到描述性规范的影响。

（2）分析了信任对感知生态消费的社会规范到有效性感知的效应的影响。从数据分析结果来看，信任水平对主观规范到有效性感知的调节效应不显著，信任水平对描述性规范对有效性感知的调节效应不显著。假设没有得到验证。这说明人们对自己的行为对解决生态消费问题是否有效主要受到描述性规范与主观规范的影响。综上我们得出，消费者进行生态消费的有效性感知主要受到感知生态消费的描述性规范与主观规范的影响，并且相比于描述性规范，主观规范的影响更大。同时，对于独立自我建构与互依自我建构的两种类型的个体，互依自我建构的个体的有效性感知受到社会规范的影响较大，而描述性规范对独立自我建构的个体影响是不显著的。

5.1.2 生态消费的社会规范对消费者公平感知的影响

1. 生态消费的描述性规范对消费者公平感知有正向影响，而生态消费的主观规范对公平感知的影响不显著

数据分析结果显示，对于公平感知，主观规范对公平感知的影响不显著，而描述性规范正向影响人们的公平感。同时有效性感知正向影响人们的公平感知。

根据公平感知的定义，公平感知主要源于个体对自我付出与回报之比，以及个体对自我付出回报比与他人付出回报比进行比较的结果。如果相等，消费者会觉得公平，如果不相等，则会感知到不公平。本章中所指的公平感，主要是个体对结果公平的感知。对于生态消费行为来说，由于其两难性质，只有当大多数人都参与生态消费行为时，人们的回报才会大于付出。而当只有少数人参与生态消费行为时，进行生态消费的个体的付出必然大于回报。因为环境是公共物品，只有全社会成员共同努力、共同保护，环境美好的目标才能得以实现。因此，描述性规范即大家是如何做得对消费者的公平感知有很大的影响。其次，公平感虽然是对付出与回报的一种衡量，自我和他人的对比，但是它依然是一种主观的感知而不是客观的标准。公平感受到个人的价值观、性格、人们的社会经济地位等方面的影响，面对同样的境遇，有些人会感觉公平而有些人则会感觉不公平。因此，进一步探讨了自我建构类型与信任水平对社会规范到公平感知的调节作用。

2. 自我建构类型与信任水平对生态消费社会规范到消费者公平感知的调节作用

（1）实证研究结果显示，独立自我建构与互依自我建构的个体在感知生态消费的主观规范到公平感知的关系上存在着显著的差异。虽然主观规范对公平感知的关系是不显著的，但是自我建构对主观规范影响是显著的，主要体现在，对于独立自我建构的个体，主观规范正向影响公平感知，而对于互依自我建构的个体，主观规范负向影响公平感知。

在描述性规范与公平感知的关系上，独立自我与互依自我存在明显的差异，对于独立自我建构的个体，描述性规范对公平感知的影响不显著，而对于互依自我建构的个体，描述性规范正向影响公平感知。这说明相比独立自我建构的个体，描述性规范对互依自我建构的个体的影响更大。互依自我建构的个体由于更在意他人的看法与行为，强调自我与群体的不可分割性，受到他人的影响就更大。当他们感知到越多的人参与生态消费的时候，消费者有效性感知越高，当感觉到越多的人参与生态消费时，公平的感知越高。同时，也可以推断出，相比独立自我建构的个体，当参与生态消费行为的人很少时，互依自我建构的个体会感觉到个体的有效性较低，并且对于他人的搭便车（不参与生态消费）行为，个体会感觉到更加不公平，从而影响人们的生态消费行为。

（2）研究结果显示，信任对生态消费的主观规范到进行生态消费的公平感的影响具有显著的调节效应。信任与主观规范的交互效应掩盖了主观规范对公平感知的效应。而实际上主观规范对公平感知是有影响的。当在高信任水平上时，主观规范正向影响公平感知，而在低信任水平上时，主观规范负向影响公平感知。本文中的信任是指对陌生人的普遍信任，当个体对他人的信任水平较高时，来自身边重要他人的对其参与相关生态消费行为的期望和压力能够正向增强个体对生态消费行为是否公平的感知。而当个体信任水平较低时，会对他人参与生态消费行为的预期较低，而此时，来自身边重要他人的压力会增加个体的不公平感，即个体会觉得如果他人都不进行生态消费而要求我进行生态消费对我来讲是不公平的。

（3）前文的数据分析显示，信任对描述性规范到公平感知具有显著的正向调节作用。相比信任水平低的个体，对信任水平高的个体，描述性规范对公平感知的正向影响更大。这可能是因为，信任水平高的个体，对他人参与生态消费行为的预期也比较高，而当其感觉到周围参与生态消费的人较多时，他会觉得更加公平，而当他感觉到参与生态消费的人比较少时，预期与现实差距较大，相比信任水平低的个体，他会感觉到更强烈的不公平感。

综上所述，从社会规范到公平感知的关系的研究中，本文的研究发现，主观规范对公平感知的主效应是不显著的，但是自我建构与信任的调节效应是显著的，由于在独立与互依，高信任与低信任的不同水平上，主观规范在相反的方向上影响公平感知，所以导致了公平感知的主效应不显著。描述性规范对公平感知有着正向的影响。总体来说，对互依自我建构的个体，描述性规范对公平感知的影响效应更大；对信任水平高的个体，描述性规范对公平感知的影响效应更大。

5.1.3 消费者有效性感知与公平感知正向影响消费者生态消费意愿

在本研究中消费者有效性感知与公平感知是作为中介变量提出的，本文假设生态消费的主观规范与描述性规范是通过影响消费者进行生态消费的有效性感知与公平感知进一步影响生态消费意愿的。从实证数据分析得知，描述性规范正向影响消费者的有效性感知与公平感知，生态消费的主观规范正向影响消费者有效性感知，而进行生态消费的主观规范与消费者对社会的普遍信任水平一起影响消费者参与生态消费行为的公平感知。同时，消费者有效性感知与消费者公平感知正向影响消费者的生态消费意愿。通过在结构方程模型中加入主观规范到生态消费意愿与描述性规范到生态消费意愿的直接路径后，发现主观规范与描述性规范到生态消费意愿的影响是显著的，说明消费者有效性感知与消费者公平感知只起到了部分中介的作用。消费者感知到的关于生态消费的社会规范可能还通过其他因素进而影响消费者的生态消费意愿。

5.2 理论贡献与创新

1. 突破了态度—意愿—行为的主流研究范式，拓宽了生态消费行为的研究视角

以往对生态消费行为的主流研究范式，是研究消费者的生态态度与生态消费行为的关系。但是，大量的研究发现，态度与行为在生态消费领域存在着不一致的现象，态度与行为的不一致不仅仅表现在一般的消费者身上，甚至也出现在绿色消费者与道德消费者的身上（Strong，1996；Harrison et al.，2005）。许多学者从不同的角度解释态度与行为存在的不一致。有些学者研究态度与行为之间的调节变量，试图解释态度在什么条件与情境下能够影响行为（Berger and Corbin，1992；Robinson and Smith，2002；Bisonette and Contento，2001；Chatzidakis, Hibbert, Mittusis and Smith，2004），另外一些学者从生态消费产品的属性以及实施生态消费行为所付出的成本的角度研究其对生态消费行为的影响（Ehrich and Irwin，2005；Luchs et al.，2010），还有些学者认为态度与行为之间的差距是受到了一系列系统因素比如价值、需要、动机、信息、知识和行为控制的影响（Vermeir and Verbeke，2005）。

生态消费行为是社会两难问题，因为人们在进行相关生态消费行为时，往往面临着最大化个人利益与最大化集体利益，追求短期利益还是追求长期利益的冲突。因此，人们的积极态度没有转变为实际的行为也在情理之中。生态消费行为不仅仅受到个体因素的影响，同时也是个体与群体博弈的结果。因此，通过对两难文献的综述，本文提出社会规范是影响人们进行生态消费的重要因素，拓宽了对生态消费行为影响因素的研究视角与范围，深化了对人们在进行生态消费时态度与行为存在差距的理解和认知。

2. 拓展了社会规范理论对生态消费行为的影响机制的研究

近年来，在社会两难情境中，社会规范的作用逐渐受到学者们的重视。其中，描述性规范与强制性规范对生态消费行为的影响也得到了一些学者的证实，但是鲜有学者探讨了描述性规范与强制性规范不同的作用机制。首先，本书通过引入有效性感知与公平感知两个概念，验证了社会规范是正向影响有效性感知与公平感知的。有效性感知与公平感知进一步影响生态消费行为。尽管这两个中介变量只起到了部分中介效果，但是对于社会规范是如何影响生态消费行为的我们有了更进一步的认识。其次，在生态消费领域，强制性规范与描述性规范对生态消费行为的影响往往是被分别研究的，主观规范主要出现在基于计划行为理论对生态消费行为影响因素的研究中。而描述性规范，学者们主要研究带有描述性规范类的信息在促进人们生态消费行为的作用。很少有研究将二者结合起来探讨这两种规范对生态消费行为的共同影响。本书研究了描述性规范与主观规范的共同作用，并进一步证明描述性规范对消费者公平感知的影响较大，而主观规范对消费者有效性感知的影响较大。

3. 通过自我建构类型与信任水平调节变量的分析，进一步深化了社会规范对生态消费行为驱动的个体差异的研究

主观规范、描述性规范对有效性感知与公平感知的影响在不同消费者之间存在差异，检验调节变量的作用对深入理解社会规范对行为的影响具有重要意义。本章从个体与他人的关系视角选择两个调节变量：一是自我建构，二是信任。个体在自我建构上的差异主要来源于人们对自己与他人的关系的认知不同。独立自我建构的个体认为自己与他人是分离的，而互依自我建构的个体认为自己与他人是紧密联系的。自我建构是集体主义文化和个人主义文化在消费者身上的反映。检验拥有不同自我建构的个体对他人影响的敏感程度能够更好地了解在中国情境下，影响我国民众生态消费意愿的因素和阻碍我国民众进行生态消费行为的障碍。

信任也是衡量个体与他人关系的重要因素。本书所提出的信任是指个体对一般人或陌生人的普遍信任感，而不是针对某一特定个体或亲密他人的信任感。本书采用 Rotter（1971）的定义，认为信任是经过社会学习逐渐形成的、相对稳定的人格特质。不同社会经济背景、不同文化背景的个体信任水平可能会有所不同。在两难文献中，信任经常被表达为对他人参与合作的一种预期。本文探讨对他人的普遍信任感与社会规范一起影响人们的有效性感知与公平感知，不仅更好地探讨社会规范的作用机制，同时也丰富了信任影响两难情境下合作的相关理论。

4. 深化了集体主义价值观与个人主义价值观对生态消费意愿行为的影响研究

集体主义与个人主义被一些研究证实能够影响消费者的环境保护意愿和亲社会行为。比如，McCarty 和 Shrum（1994，2001）的研究证明了集体主义价值观与回收再利用有正向影响。Dunlap Van Liere（1984）、Li（1997）、Kim 和 Choi（2005）的研究证明了集体主义价值观与资源保护、生态承诺、购买绿色产品存在正相关的关系。学者指出集体主义倾向的个

体以集体为中心，更容易履行对环境保护有益的行为。

但是现有的理论却不能很好地解释我国生态消费的现状。即我国是集体主义国家，互依自我建构的个体相对较多。但是，我国消费者的生态意愿与行为之间存在着较大差距。当然除了集体主义价值观之外，我国居民的经济情况、生态产品与相关设施的可获得性都会影响到我国居民的生态消费意愿。本书的研究提供了一种可能的解释。即不同自我建构类型的个体受到社会规范的影响是存在差异的。相比独立自我建构的个体，互依自我建构的个体受到描述性规范的影响更大，当互依自我建构的个体感受到大部分人都参与生态消费行为时，他们进行生态消费行为的意愿就更强，而当其感觉到只有少部分人参与生态消费行为时，其进行生态消费的意愿就更弱。

因此，社会规范与自我建构类型（偏集体主义与偏个人主义）存在着交互作用，它们的共同作用影响了消费者的生态消费意愿。我们在考虑集体主义价值观对生态消费意愿与行为的影响时，也同时要考虑到社会规范（描述性规范与强制性规范）在其中所起到的作用。因此本书的研究在一定程度上推进了文化价值观对生态消费行为影响的研究。

5.3 管理应用

1. 认识到生态消费行为的社会两难性质能够更有效地缩小在生态消费领域态度与行为之间的差距

政府与环境保护组织等需要认识到生态消费行为尤其是偏利他的生态消费行为是大规模的社会两难问题，人们在进行相关行为比如垃圾分类与公共交通出行时，往往面临着在短期内牺牲自我利益而最大化集体利益的冲突，在这种情况下靠大家的自觉、自我道德规范可能难以取得成效。

认识到生态消费行为的两难性质，促进生态消费行为就等同于促进人们在两难情境中的合作行为。解决生态消费的两难困境需要识别人们拒绝生态消费的原因，并找到相应的策略以克服这些障碍。由于生态消费是社会两难困境，人们在进行生态消费时需要付出更多的时间成本、体力成本与金钱成本。促进人们的生态消费行为需要克服人们对自我利益的追求，对自由受到限制而引起的反抗以及由于他人的不合作所带来的风险。

针对人们在进行生态消费行为时所遇到的障碍，政府、企业、相关的非营利机构应该采取措施，改变人们在进行生态消费行为时的所得与付出的比例。从根本上使生态消费不再成为一个两难的困境，当进行生态消费行为变为有利于个体的行为时，人们进行生态消费的意愿就会大大提升。

从结构上改变生态消费的两难困境，就要降低人们在进行生态消费行为时付出的时间、精力和金钱成本。在硬件方面，政府应该推动与环境相关的基础设施的建设。加强基础设施建设，为人们进行生态消费提供更为便利的条件。例如，在北欧国家广泛实行的，在我国某些城市如杭州也在大力推广的城市公共自行车系统，能够使人们在"适当距离"出行的时候不再依赖汽车，有效地减少了汽车尾气的污染。为消费者提供更多的选择能够减少人们由于自由受到限制的抵抗，也是改变人们生活方式的一种有效途径。它可以应用于生活中的各个方面并且能够促进人们自愿、主动地进行生态消费。比如，为消费者提供可选择的清洁能源，在社区提供公共洗衣中心，园艺租赁中心与旧货置换卖场等，都被证明是有效并受欢迎的方式。

在软件方面，应该运用经济手段如奖励补贴等策略降低生态消费所产生的成本，比如我国政府对购买节能家电的补贴政策，降低了节能产品的价格，从而提高了节能家电的购买率。同时，也可以相应增加拒绝合作的代价，通过对非环保行为进行惩罚和价格歧视的方法增加拒绝生态消费的成本，能够有效地促进生态消费。如，我国于2012年实施了阶梯电价的方法，用电价格随用电使用量呈现阶梯式递增。这种措施能够促进人们节约能源，提高用电效率，补贴低收入人群。但是，从结构上改变生态消费困境，需要投入的人力、物力和财力比较多，是一个长期的过程，不可能一蹴而就，相应的法律法规等措施的出台需要不断论证，监督成本也比较高。

2. 利用社会规范方法可以有效促进消费者生态消费的意愿

从本文的研究所得到的结论来看，描述性规范（即大家都是怎么做的）与强制性规范（大家期望我们怎么做）对消费者个体的生态消费行为是有正向影响的。这种影响一方面来自人们从众的心理，另一方面由于环境的公共品性质，人们也会根据他人的行为来考虑自己的得失与利弊。描述性规范与强制性规范能够有效地促进人们的有效性感知与公平感知，从而更加有效地促进人们的行为。

本书中的社会规范是指消费者对大部分他人实际如何做和期望我们如何做的感知，这种感知来源于人们的社会学习、观察和体会。因此，也难免受到个人动机偏见的影响。使用带有社会规范类的信息的宣传手段能够纠正人们的认知偏差或者说可以人为影响人们对社会规范的感知从而改变人们的行为。利用社会规范类的信息（描述性规范与强制性规范）来干预人们行为的方法称为社会规范方法（social norm approach）。公益广告与宣传中应该有目的地使用描述性规范与强制性规范类的信息，来促进人们的生态消费行为。在国外，社会规范方法（social norm approach）已经被广泛应用于旨在降低校园里学生的饮酒、吸烟等不良行为中。近年来，在可持续发展与环境保护领域，应用社会规范的方法的活动也在逐渐增多。带有社会规范类的信息可以通过海报、广告和社交媒体等手段传递给消费者。比如，社会规范的方法在商业领域中的应用我们并不陌生。在购物网站中，我们会经常看到带有描述性规范类的信息，例如，"71%的购买者认为尺码合适。5%购买了该产品的消费者也购买了……"但是，在我国与环保有关的宣传与提示信息中，比较常见的还是一般性的宣传用语。如在洗手处贴上"请您节约用水"，在草坪上放置"请珍爱花草树木"等简单的提示用语。虽然从研究结论与客观实际来看，这些提示类的信息确实起到了一定的作用，然而正如 Goldstein 等（2007）学者的研究发现，带有描述性规范类的信息比一般的环保信息要更有效。

在使用规范类的信息进行宣传的时候，要注意描述性规范类信息与强制性规范类信息的一致性。在广告中经常见到强调吸烟是不对的，环境被破坏得很严重等宣传方式。这些信息虽然能够引起人们的关注，但是宣传者忽略了这些信息也在向人们传递出大部分人都是这么做的，给人们一种潜移默化的暗示，从而严重削弱了广告宣传的效果。

本文的研究表明，自我建构的类型调节了社会规范到有效性感知与公平感知的关系。对于互依自我建构的个体来说，描述性规范对有效性感知与公平感知的影响更大。鉴于我国的集体主义文化背景，互依自我建构的个体在群体中占有很大的比例，因此，关注社会规范对人们进行生态消费行为的影响无疑有着重要的实践价值。虽然人们对自我和他人的关系的认知表现出一种稳定的偏向，比如，倾向于自我与他人相独立还是自我与他人相联系，但是，Singles 等学者表示，独立自我与互依自我可以同时对立统一地存在于个体的身上，在不同的情境下，当受到不同的刺激时，个体可能会表现出独立或互依的不同倾向。当消费者表现为互依自我建构，即集体主义倾向时，更容易受到社会规范的影响。因此在应用规范类的信息时，可以将集体的共同目标与规范类的信息相结合，能够更有效地促进人们的生态消费行为。

另外，本书发现了信任对社会规范与公平感知关系的调节效应。当信任水平较高时，主观规范正向影响消费者公平感知，而当信任水平较低时，主观规范负向影响消费者公平感知。在高信任水平下，描述性规范对公平感知的影响更大。因此，在进行宣传时，管理者要充分考虑到社会现有的信任水平，尤其需要注意的是，在低信任水平下，过度地给消费者施加压力、鼓励人们进行生态消费可能会起到适得其反的效果。此时，对其他大部分人是如何做的描述性规范类的信息可能会起到更好的效果。增强人们对政府、企业、NGO 等组织本身的信任感，以及对社会他人的普遍信任感，有利于增强人们的生态消费意愿。

3. 发展能够提高消费者进行生态消费行为的有效性感知的策略

消费者有效性感知在生态消费行为中的作用得到了大量学者的关注。研究表明有效性感知能够强有力地影响消费者的生态消费行为。本文的研究验证了前人的结论。同时，本研究指出，消费者的有效性感知受到描述性规范与强制性规范的影响，即当个体消费者感觉到有更多的人参与生态消费行为时，社会越期待大家履行该生态消费行为，消费者感到自己的行为对群体目标的影响越大，群体的目标也越可能实现。因此，从他人影响的角度，加大对描述性规范与强制性规范类的信息的宣传能够有效提高消费者对进行生态消费行为的感知有效性。

除了提供他人参与环保的信息外，在进行宣传时强调个人行为在环境保护中的重要性也可以起到促进消费者有效性感知的作用。比如，前人的研究指出，虽然强调问题严重性的环境诉求能够引起人们的注意与关注，却容易使消费者感觉到由于问题过于严重，自己的力量太过于微弱而放弃改变自己的行为。因此，在进行生态消费方面的宣传时，应该提出问题，同时指出个体行为在环境保护中的重要性（比如，宝宝虽然病了，但是可以医治好）。给予消费者关于自己行为结果的及时反馈，能够提高人们的有效性感知。当消费者得知自己的行为确实对环境保护起到了作用时，那么他就会受到一种激励，并将该行为进一步扩展至其他领域。开发能够及时提供个人行为反馈信息的有效工具，可以促进居民参与生态消费的积极性。比如现有的碳足迹计算器可以将消费者每日在衣、食、住、行、用各方面的消耗计算为碳排放量。根据碳排放量的大小，消费者即可以知道自己的行为对环境造成的影响。

4. 引入奖励与惩罚机制以提高消费者进行生态消费时的公平感知

从本书的研究结论得出，公平感知是影响生态消费意愿的重要因素。当人们感觉到公平时，进行生态消费的意愿就更强。在生态消费中，人们的公平感主要来源于对于自我和他人付出所得比的比较。由于生态消费是大规模的社会两难问题，只要当社会大部分成员都进行生态消费时，个体的所得才会大于付出。因此，从这个意义及从本书的结论中也可以发现，大部分他人是否参与了生态消费行为能够影响人们的结果公平感。另外，消费者的有效性感知能够影响公平感知。因此，提高消费者有效性感知的策略也可以提高消费者公平感知。除了描述性规范与主观规范的干预方法与提高有效性感知的方法外，引入惩罚与奖励机制也能促进消费者进行生态消费的公平感知。

（1）引入惩罚机制

已有的研究表明，引入惩罚机制能够促进人们的公平感知，即对在两难情境中选择不合作的人给予一定的惩罚，惩罚能够帮助恢复选择合作的人们的公平感，从而促进更多的人参与到生态消费行为中。惩罚的经济手段可以有罚款和价格歧视策略等。比如我国在2012年实施的阶梯电价的方法，用电价格随着用电量呈现阶梯式递增。这种定价措施相当于对多用电者的一种惩罚，该措施能够有效促进人们节约能源，提高用电效率。

（2）引入奖励机制

当个体在两难情境中选择合作时，他会面临着其他人选择抵抗的风险，当大部分人选择不合作时，个体牺牲了自我利益，却得不到相应的回报，就会产生不公平感。奖励能够弥补由他人不合作而对合作的个体带来的损失，从而使人们的公平感得以恢复。奖励的手段可以有很多种，可以是物质的奖励也可以是精神的奖励等。比如物质的奖励可以有对购买环保节能家电的消费者给予一定的补贴。

5. 系统提升人们对社会的普遍信任感能够有效促进生态消费的意愿与行为

前人的研究指出，信任能够影响两难情境中人们的合作行为。在本研究中，信任对社会规范在有效性感知与公平感知的关系上起到了部分调节作用。我们发现信任能够正向调节描述性规范与公平感知的关系。但是信任对主观规范对公平感的调节更为复杂。当信任水平较低时，主观规范负向影响人们的公平感知。当信任水平较高时，主观规范正向影响人们的公平感知。研究结论中给予我们两点启示：一是无论在何种情况下，高信任感有利于促进人们在进行生态消费行为时的有效性感知与公平感知的提高，从而有利于促进生态消费行为。二是在社会信任水平比较低的情况下，更要注意对生态消费的宣传策略。过度引导与强制人们进行生态消费会使人们产生强烈的不公平的心理从而阻碍生态消费。描述性规范类信息因为其潜移默化性，不容易引起个体的反抗，更容易被人们接受。

据中国环境意识项目对我国公众的环境意识调查报告结果显示，我国民众在回答与环境相关的问题时，认为自己有着相当高的环保意识，但是当问及环境继续恶化的原因时，大部分回答者认为人们普遍的环境保护意识比较低。这也从一个侧面证实了人们不相信他人也会爱护环境、有着较高的环保意识。

Rotter（1971）指出信任是经过社会学习逐渐形成的、相对稳定的人格特质的表现。信任受到个体经历、价值观以及社会经济情况的影响。Gächter等（2004）的研究也证明了拥有不同社会经济背景的个体，信任的水平是不一样的，社会经济地位较高的个体由于承担风险的能力较强，因此对他人的信任水平较高。除此之外，宏观的社会环境对人们的信任感尤其是对陌生他人的普遍信任感具有重要的影响。什托姆普卡（2005）认为五种宏观的社会环境即规范的一致性、秩序的稳定性、社会组织的透明性、人们对采取行动的环境的熟悉性以及他人或机构的责任性与信任息息相关。

因此，提高人与人之间的信任水平是一个系统工程，需要从提高政府的公信力、加强法律法规建立、增加监管力度、打击不法分子、加强道德教育等途径全面提升我国民众的信任感。在生态消费领域，可以加强对环境保护相关法律法规的建立、加大对破坏环境的人和企业的惩罚力度，加强对环境保护的宣传，促进关于环境保护问题的沟通与交流。研究表明，当群体成员有机会向他人讨论两难问题的时候，个人更少表现出不合作的行为。尤其还可以提高社区建设，增强人们对所在社区的小群体的归属感，当人们对某个群体有着强烈归属感的时候，就更容易信任群体内的成员，做出有利于群体的决策。

5.4 研究局限与未来研究方向

5.4.1 本研究的局限

（1）本书主要研究了与人们日常生活息息相关的垃圾分类与采用公共交通出行两类行为，因为这两类行为在前期的预测中属于偏向利他的行为。对于其他的消费者心中的偏利他行为，比如做环保志愿者、为环境保护公益组织捐款等是否适用本模型，还有待进一步研究证实。

（2）本书在问卷调查方面，抽样过程还应该进一步随机化。因为时间、经费等缘故，笔者在实证研究的抽样部分采取了便利抽样的方式，主要在学校的本科生、研究生和 MBA 学生中发放，校外的问卷主要调查了保险公司员工、小商贩等，由于生活在同一校园的学生或工作在同一单位的员工在生活经历和思想上、环境上有一定的趋同性，所以对研究会产生一定的影响。如果在资金允许的情况下，随机抽样方式可以更进一步增强研究结论的可靠性。

5.4.2 未来的研究方向

（1）本书主要将生态消费理解为社会两难问题，并基于两难的文献从他人、群体规范的视角研究生态消费意愿。选择了社会规范与人际间信任作为自变量进行研究。但在两难情境中人们的合作还存在着很多其他影响因素，比如群体规模、个人与群体之间的认同等。这些因素与生态消费意愿的关系还有待于进一步探索。

（2）本书探讨了社会规范影响生态消费意愿的机制，基于社会学习理论与公平理论提出有效性感知与公平感知是社会规范到生态消费意愿的两个中介变量。但是从研究结论中我们可以看到，有效性感知与公平感知只是部分中介变量，且加入社会规范到消费意愿的直接作用后模型与数据的拟合变得更好。这说明有效性感知与公平感知只是部分解释了社会规范对生态意愿的影响，对于社会规范还通过影响哪些其他变量进一步影响生态消费意愿还有待进一步的挖掘与探索。

（3）本书还提出他人的实际行为即描述性规范主要是通过公平感知进一步影响生态消费意愿的。这里的公平感知采用了 Adams 的公平的定义，主要是指结果公平。但是在社会两难文献中，公平感知的内涵更为丰富，公平感知还包括过程公平、交互公平以及信息公平等维度。在资源两难与公共物品两难的情境中，分配公平（过程公平）与交互公平也被证明能够影响人们的合作意愿。在生态消费领域中对公平感知（包括分配公平和交互公平等维度）对生态消费意愿的影响还有较大的研究空间。

参考文献

[1] 白春阳. 社会信任的基本形式解析 [J]. 河南社会科学, 2006 (1): 4-6.

[2] 陈思静, 马剑虹. 合作动机与信任: 基于不确定性简化机制的研究 [J]. 应用心理学, 2010, 16 (3): 208-214.

[3] 韩振华. 人际信任的影响因素及其机制研究 [D]. 天津: 南开大学, 2011.

[4] 江林, 陈立彬, 肖轶楠. 我国与发达国家生态消费主导模式比较研究 [J]. 生态经济, 2010 (9): 62-66.

[5] 孙怀平, 杨东涛, 袁培林. 员工公平感影响因素的实证研究 [J]. 科技管理研究, 2007 (8): 239-242.

[6] 曲蓉. 论公共信任: 概念与性质[J]. 道德与文明, 2011 (1): 55-59.

[7] 徐贵宏. 非政府组织与中国政府部门间的信任与合作关系实证研究 [D]. 成都: 西南交通大学, 2009.

[8] 翁定军. 阶级或阶层意识中的心理因素: 公平感和态度倾向 [J]. 社会学研究, 2010, 25 (1): 85-110

[9] 朱丽叶, 卢泰宏. 消费者自我建构研究述评 [J]. 外国经济与管理, 2008 (2): 42-50.

[10] 朱洪革. 城市居民生态消费行为的影响因素分析 [J]. 生态经济 (学术版), 2009 (1): 121-125.

[11] Ajzen, I, Fishbein, M. Attitudinal and normative variables as predictors of specific behavior [J]. *Journal of Personality and Social* Psychology, 1973, 27 (1): 41.

[12] Ajzen, 1. From intentions to actions: A theory of planned behavior., Action*control*; [M]. New York: Springer-Verlag.

[13] Allen, C. T. Self-perception based strategies for stimulating energy conservation [J]. *Journal of Consumer Research*, 1982, 381-390.

[14] Anderson Jr, W. T., and Cunningham, W. H. The socially conscious consumer [J]. *The Journal of Marketing*, 1972, 23-31.

[15] Anderson, J. C., and Narus, J. A. A model of distributor firm and manufacturer firm working partnerships [J]. *the Journal of Marketing*, 1990, 42-58.

[16] Balderjahn, I. Personality variables and environmental attitudes as predictors of ecologically responsible consumption pattems [J]. *Journal of Business Research*, 1988, 17 (1): 51-56.

[17] Bamberg, S., and Möser, G. Twenty years after Hines, Hungerford, and Tomera: A new meta-analysis of psycho-social determinants of pro-environmental behaviour [J]. *Journal of erironmentalpsychology*, 2007, 27 (1): 14-25.

[18] Berger, I. E., and Corbin, R. M. Perceived consumer effectiveness and faith in others as moderators of environmentally responsible behaviors [J]. Journal *of Public Policy and Marketing*, 1992: 79-89.

[19] Belk, R., Painter, J., and Semenik, R. Preferred solutions to the energy crisis as a function of causal attributions [J]. *Journal of Consumer Research*, 1981: 306-312.

[20] Biel, A., and Thegersen, J. Activation of social norms in social dilemmas: A review of the evidence and reflections on the implications for environmental behaviour [J]. *Journal of Economic Psychology*, 2007, 28 (1): 93-112.

[21] Bies, R. J., and Moag, J. S. Interactional justice: Communication criteria of fairness [J]. *Research on negotiation in organizations*, 1986, 1 (1): 43-55.

[22] Bicchieri, C. The grammar of society. The nature and dynamics of social norms [M]. Cambridge: Cambridge University Press, 2006.

[23] Bissonnette, M. M., and Contento, 1. R. Adolescents'perspectives and food choice behaviors in terms of the environmental impacts of food

production practices: application of a psychosocial model [J]. *Journal of Nutrition Education*, 2001, 33 (2): 72-82.

[24] Boldero, J. The prediction of household recyeling of newspapers: The role of attitudes, intentions, and situational factor [J]. *Journal of Applied Social Psychology*, 1995, 25: 440-462.

[25] Brewer, M. B., and Gardner, W. Who is this "We" Levels of collective identity and self representations [J]. *Journal of personality and social psychology*, 1996, 71 (1): 83.

[26] Brooker, G. The self-actualizing socially conscious consumer [J]. *Journal of Consumer Research*, 1976, 107-112.

[27] Carrus, G., Nenci, A. M., and Caddeo, P. The role of ethnicidentity and perceived ethnic norms in the purchase of ethnical food products [J]. *Appetite*, 2009, 52 (1): 65-71.

[28] Choi, M. S., and Kim, Y. Antecedents of green purchase behavior: An examination of collectivism, environmental concern, and PCE [J]. *Advances in Consumer Research*, 2005, 32 (1): 592-599.

[29] Chatzidakis, A., Hibbert, S., and Smith, A. P. Why people don't take their concerns about fair trade to the supermarket: The role of neutralisation [J]. *Journal of Business Ethics*, 2007, 74 (1): 89-100.

[30] Cheung, S. F., Chan, D. K. S., and Wong, Z. S. Y. Reexamining the theory of planned behavior in understanding wastepaper recyeling [J]. *Entironment and Behazior*, 1999, 31: 587-612.

[31] Chhokar, J. S., Zhuplev, A., Fok, L. Y., and Hartman, S. J. The impact of culture on equity sensitivity perceptions and organizational citizenship behavior: A five-country study [J]. *International Journal of Value-Based Management*, 2001, 14 (1): 79-98.

[32] Cialdini, R. B. Crafting normative messages to protect the environment [J]. *Current Directions in Psychological Science*, 2003, 12: 105-109.

[33] Croson, R., Handy, F., and Shang, J. Keeping up with the Joneses: The relationship of perceived descriptive social norms, social information, and

charitable giving [J]. *Nonprofit Management and Leadership*, 2009, 9 (4): 467-489.

[34] Cross, S. E., Bacon, P. L., and Morris, M. L. The relational-interdependent self-construal and relationships [J]. *Journal of personality and social psychology*, 2000, 78 (4): 791.

[35] Conner, M., Povey, R., Sparks, P., James, R., and Shepherd, R. Moderating role of attitudinal ambivalence within the theory of planned behaviour [J]. *British Journal of Social Psychology*, 2003, 42 (1): 75-94.

[36] Cook, S. W., and Berrenberg, J. L. Approaches to encouraging conservation behavior: A review and conceptual framework [J]. *Journal of Social Issues*, 1981, 37 (2),: 73-107.

[37] Cornelissen, J. Corporate communication: A guide to theory and practice [M]. Sage Publications Limited, 2011.

[38] Dawes, R. M. Social dilemmas [J]. *Annual reciew of psychology*, 1980, 31 (1): 169-193.

[39] De Cremer, D., Snyder, M., and Dewitte, S. "The less I trust, the less I contribute (or not)?" The effects of trust, accountability and self-monitoring in socialdilemmas [J]. *European Journal of Social Psychology*, 2001, 31 (1): 93-107.

[40] De Gremer, D., Van Dijk, E., and Folmer, C. R. "Why leaders feel entitled to take more: Feelings of entitlement as a moral rationalization strategy [J]. *Psychological Perspectires on Ethical Behavior and Decision Making*, 2009, 107-119.

[41] De Young, R. Changing behavior and making it stick The conceptualization and management of conservation behavior [J]. *Environment and Behazior*, 1993, 25 (3): 485-505.

[42] Diekmann, A., and Preisendörfer, P. Environmental behavior discrepancies between aspirations and reality [J]. *Rationality and Society*, 1998, 10 (1): 79-102.

[43] Dietz, T., Stem, P. C., and Guagnano, G. A. Social structural

and social psychological bases of environmental concern [J]. *Encironment and Behatior*, 1998, 30 (4): 450-471.

[44] Dunlap, R. E., and Van Liere, K. D. Commitment to the Dominant Social Program and Concern for Environmental Quality [J]. *Social Science Quarterly*, 1984, 65 (12): 1013-1028.

[45] Dunleavy, V. O. An examination of descriptive and injunctive norm influence on intention to get drunk [J]. *Communication Quarterly*, 2008, 56 (4): 468-487.

[46] Eek, D., and Biel, A. The interplay between greed, efficiency, and faimess in public-goods dilemmas [J]. *Social Justice Research*, 2003, 16 (3): 195-215.

[47] Ellen, P. S., Wiener, J. L, and Cobb-Walgren, C. The role of perceived consumer effectiveness in motivating environmentally conscious behaviors [J]. *Journal of Public Policy and Marketing*, 1991, 102-117.

[48] Fehr, E., Schmidt, K. M. A theory of fairness, competition and cooperation [J]. *Quarterly Journal of Economics* 1999, 114: 817-868.

[49] Finkelstein, S. R., and Fishbach, A. When healthy food makes you hungry [J]. *Journal of Consumer Research*, 2010, 37 (3): 357-367.

[50] Foddy, M., Platow, M. J., andYamagishi, T. Group-Based Trust in Strangers The Role of Stereotypes and Expectations [J]. *Psychological Science*, 2009, 20 (4): 419-422.

[51] Fomara, F., Carrus, G., Passafaro, P., and Bonnes, M. ( ). Distinguishing the sources of normative influence on proenvironmental behaviors The role of local norms in household waste recyeling [J]. *Group Processes and Intergroup Relations*, 2011, 14 (5): 623-635.

[52] Fujii, S., and Garling, T. Development of script-based travel mode choice after forced change [J]. *Traffic Psychology and Behatiour*, 2003, 6 (2): 117-124.

[53] Gerber, A. S., and Rogers, T. Descriptive social norms and motivation to vole: Everybody's voting and so should you. *The Journal of Politics*,

2009, 71 (1): 178-191.

[54] Göckeritz, S., Schultz, P. W., Rendon, T., Cialdini, R. B., Goldstein, N. J., and Griskevicius, V. Descriptive normative beliefs and conservation behavior: The moderating role of personal involvement and injunctive normative beliefs [J]. *European Journal of Social Psychology*, 2010, 40: 514-523.

[55] Goldstein, N. J., and Cialdini, R. B. Using social norms as a lever of social influence [M]. In A. Pratkanis (Ed.), The science of social influence: Advances and future progress. Philadelphia: Psychology Press, 2007.

[56] Goldstein, N. J., Griskevicius, V., and Cialdini, R. B. Invoking Social Norms A Social Psychology Perspective on Improving Hotels' Linen-Reuse Programs [J]. *Cornell Hotel and Restaurant Administration Quarterly*, 2007, 48 (2): 145-150.

[57] Gupta, S., and Ogden, D. T. To buy or not to buy? A social dilemma perspective on green buying [J]. *Journal of Consumer Marketing*, 2009, 26 (6): 376-391.

[58] Hertel, G., and Fiedler, K. Fair and dependent versus egoistie and free: Effects of semantic and evaluative priming on the "ring measure of social values" [J]. *European Journal of Social Psychology*, 1998, 28 (1): 49-70.

[59] Hines, J. M., Hungerford, H. R., and Tomera, A. N. Analysis and synthesis of research on responsible environmental behavior: A meta-analysis [J]. *The Journal of entironmental education*, 1987, 18 (2): 1-8.

[60] Hosmer, L. T. Trust: The connecting link between organizational theory and philosophical ethics [J]. *Academy of management Review*, 1995, 20 (2): 379-403.

[61] Hopper, J. R., and Nielsen, J. M. Recycling as altruistic behavior Normative and Behavioral Strategies to expand participation in a Community Recycling Program [J]. *Entironment and Behatior*, 1991, 23 (2): 195-220.

[62] Jacobson, R. P., Mortensen, C. R., and Cialdini, R. B. Bodies obliged and unbound: Differentiated response tendencies for

injunctive and descriptive social norms [J]. *Journal of personality and social psychology*, 2011, 100 (3): 433.

[63] Johnson-George, C., and Swap, W. C. Measurement of specifie interpersonal trust: Construction and validation of a scale to assess trust in a specific other [J]. *Journal of Personality and Social Psychology*; *Journal of Personality and Social Psychology*, 1982, 43 (6): 1306.

[64] Kaiser, E. G., Wolfing, S., and Fuhrer, U. Environmental attitude and ecological behaviour [J]. *Journal of enrironmental psychology*, 1999, 19 (1): 1-19.

[65] Kerr, N. L., and Kaufman-Gilliland, C. M. "..and besides, I probably couldn't have made a difference anyway": Justification of Social Dilemma Defection via Perceived Self-Inefficacy [J]. *Journal of Experimental Social Psychology*, 1997, 33 (3): 211-230.

[66] Kilbourne, W. E., Beckmann, S. C., and Thelen, E. The role of the dominant social paradigm in environmental attitudes: A multinational examination [J]. *Journal of Business Research*, 2002, 55 (3): 193-204.

[67] Kinnear, T. C., Taylor, J. R., and Ahmed, S. A. Ecologically concerned consumers: who are they? [J]. *The Journal of Marketing*, 1974, 20-24.

[68] Kim, H., Lee, E. J., and Hur, W. M. The Normative Social Influence on Eco-Friendly Consumer Behavior: The Moderating Effect of Environmental Marketing Claims [J]. *Clothing and Textiles Research Journal*, 1974, 30 (1): 4-18.

[69] Kopelman1, S., Weber, J. M., and Messick, D. M. Factors influencing cooperation in commons dilemmas: A review of experimental psychological research [J]. *The drama of the commons*, 2002, 113-156.

[70] Kollock, P. Social dilemmas: The anatomy of cooperation [J]. *Annual review of sociology*, 1998, 183-214.

[71] Kramer, R. M., MeClintock, C. G., and Messick, D. M. Social values and cooperative response to a simulated resource conservation *crisis* [J]. *Journal of Personality*, 2006, 54 (3): 576-582.

[72] Lee, J. A., and Holden, S. J. Understanding the determinants of environmentally conscious behavior [J]. *Psychology and Marketing*, 1999, 16 (5): 373-392.

[73] Leonidou, L. C., Leonidou, C. N., and Kvasova, O. Antecedents and outcomes of consumer environmentally friendly attitudes and *behaviour* [J]. *Journal of Marketing Manaement*, 2010, 26 (13-14): 1319-1344.

[74] Markus, H. R., and Kitayama, S. Culture and the self: Implications for cognition, emotion, and motivation [J]. *Psychological Reciew*, 1991, 98 (2): 224.

[75] Martin, B., and Simintiras, A. C. The impaet of green product lines on the environment: does what they know affect how they feel? [J]. *Marketing Intelligence and Planning*, 1995, 13 (4): 16-23.

[76] MeDonald, S., Oates, C. J., Young, C. W., and Hwang, K. Toward sustainable consumption: researching voluntary simplifiers [J]. *Psychology and Marketing*, 2006, 23 (6): 515-534.

[77] MeClintock, C. G., and Van Avermaet, E. Social values andrules of fairness: A theoretical perspective. [M]. New York: Academic Press, 1982.

[78] MeCarty, J. A., and Shrum, L. J. The influence of individualism, collectivism, and locus of control on environmental beliefs and behavior [J]. *Journal of Public Policy and Marketing*, 2001, 93-104.

[79] Messick, D. M., and Brewer, M. B. Solving social dilemmas: Areview [J]. *Reciew of personality and social psychology*, 1983, 4: 11-44.

[80] Melnyk, V., Herpen, E. V., Fischer, A. R., and van Trijp, H. To think or not to think: The effect of cognitive deliberation on the influence of injunctive versus descriptive social norms [J]. *Psychology and Marketing*, 2011, 28 (7): 709-729.

[81] Mostafa, M. M. Gender differenees in Egyptian consumers'green purchase behaviour: the effects of environmental knowledge, concern and attitude [J]. *International Journal of Consumer Studies*, 2006, 31 (3): 220-229.

[82] Nenci, A. M., Carrus, G., Caddeo, P., and Meloni, A. Group

processes in food choices: The role of ethnic identity and perceived ethnic norms upon intentions to purchase ethnical food products [J]. *Journal of Community and Applied Social Psychology*, 2008, 18 (5): 05-511.

[83] Nilsson, J. Investment with a conscience: examining the impact of pro-social attitudes and perceived financial performance on socially responsible investment behavior [J]. *Journal of Business Ethics*, 2008, 83 (2): 307-325.

[84] Nolan, J., Schultz, P. W., Cialdini, R., Goldstein, N., and Griskevicius, V. Normative social influence is underdetected [J]. *Personality and Social Psychology Bulletin*, 2008, 34: 913-923.

[85] Obermiller, C. The baby is sick/the baby is well: a test of environmental communication appeals [J]. *Journal of Advertising*, 1995, 55-70.

[86] Oliver, J. D., and Rosen, D. E. Applying the environmental propensity framework: A segmented approach to hybrid electric vehicle marketing strategies [J]. *The Journal of Marketing Theory and Practice*, 2010, 18 (4): 377-393.

[87] Oreg, S., and Katz-Gerro, T. Predicting proenvironmental behavior cross-nationally values, the theory of planned behavior, and value-belief-normn theory [J]. *Eneironment and Behatior*, 2006, 38 (4): 462-483.

[88] Orbell, J., and Dawes, R. Social dilemmas [J]. *Progress in applied social psychology*, 1981, 1: 37-65.

[89] Pavlou, P. A., and Fygenson, M. Understanding and predicting electronic commerce adoption: An extension of the theory of planned behavior [J]. *MIS quarterly*, 2006, 115-143.

[90] Parker, D. Intention to commit driving violations: An application of the theory of planned behavior [J]. *Journal of Applied Psychology*, 1992, 77, 94-101.

[91] Parks, C. D., Sanna, L. J., and Berel, S. R. Actions of similar others as inducements to cooperate in social dilemmas [J]. *Personality and Social Psychology Bulletin*, 2001, 27: 345-354.

[92] Peattie, K. Environmental marketing management: meeting the

green challenge [M]. London: Pitman, 1995.

[93] Perugini, M., and Gallucei, M. Individual differences and social norms: The distinction between reciprocators and prosocials [J]. *European Journal of Personality*, 2001, 15: 19-35.

[94] Prothero, A. Green consumerism and the societal marketing concept: marketing strategies for the 1990's [J]. *Journal of Marketing Management*, 1990, 6 (2): 87-103,

[95] Prothero, A., Dobecha, S., Freund, J., Kiloume, W. E., Luchs, M. G., Ozanne, L. K., and Thagersen, J. Sustainable consumption: opportunities for consumer research and publie policy [J]. *Journal of Public Policy and Marketing*, 2011, 30 (1): 31-38.

[96] Rempel, J. K., Holmes, J. G., and Zanna, M. P. Trust in close relationships [J]. *Journal of personality and social psychology*, 1985, 49 (1): 95.

[97] Reno, R. R., Cialdini, R. B., and Kallgren, C. A. The transsituational influence of social norms [J]. *Journal of Personality and Social Psychology*, 1993, 64: 104-112.

[98] Rimal, R. N., and Real, K. Understanding the influence of perceived norms on behaviors [J]. *Communication Theory*, 2003, 13, 184-203.

[99] Rivis, A., and Sheeran, P. Descriptive norms as an additional predictor in the theory of planned behaviour: A meta-analysis [J]. *Current Psychology*, 2003, 22: 218-233.

[100] Rimal, R. and Real, K. How behaviors are influenced by perceived norms: A test of the theory of normative social behavior [J]. *Communication Research*, 2005, 32: 389-414.

[101] Ritchie, J. B., and MeDougall, G. H. Designing and marketing consumer energy conservation policies and programs: Implications from a decade of research [J]. *Journal of Public Policy and Marketing*, 1985, 14-32.

[102] Roberts, J. A. Green consumers in the 1990s: profile and implications for advertising [J]. *Journal of Business Research*, 1996, 36 (3):

217-231.

[103] Rotter, J. B. Generalized Expectancies for Interpersonal Trust [J]. *American Psychologist*, 1971, 26 (5): 443.

[104] Rousseau, D. M., Sitkin, S. B., Burt, R. S., and Camerer, C. Not so different after all: A cross-discipline view of trust [J]. *Academy of management reciew*, 1998, 23 (3): 393-404.

[105] Rothstein, B. Trust, social dilemmas and collective*memories* [J]. *Journal of Theoretical Politics*, 2000, 12 (4): 477-501.

[106] Schahn, J., and Holzer, E. Studies of Individual Environmental Concern The Role of Knowledge, Gender, and Background Variables [J]. *Entironment and Behatior*, 1990, 22 (6): 767-786.

[107] Schultz, P. W., Nolan, J. M., Cialdini, R. B., Goldstein, N. J., and Griskevicius, V. The constructive, destructive, and reconstructive power of social norms [J]. *Psychological Science*, 2007, 18 (5): 429-434.

[108] Schultz, P. W. Changing behavior with normative feedback interventions: A field experiment on curbside recyeling [J]. *Basic and Applied I Social Psychology*, 1999, 21: 25-36.

[109] Schultz, W. P., Khazian, A. M., and Zaleski, A. C. Using normative social influence to promote conservation among hotel guests [J]. *Social Influence*, 2008: 3 (1), 4-23.

[110] Schwartz, S. H. Normative Influences on Altruisml [J]. *Adrances in experimental social psychology*, 1977, 10: 221-279.

[111] Schwartz, S. H., and Howard, J. A. Helping and cooperation: A self-based motivational model [J]. *Cooperation and helping behatior: Theories and Research*, 1982, 327-353.

[112] Shrum, I. J., and Brunswick, N. A structural equation analysis of the relationships of personal values, attitudes and beliefs about recycling, and the recyeling of solid waste products [J]. *Advances in Consumer Research*, 1993, 20: 641-646.

[113] Singelis, T. M. The measurement of independent and interdependent

self-construals [J]. *Personality and Social Psychology Bulletin*, 1994, 20 (5): 580-591.

[114] Smith, J., and Louis, W. Do as we say and as we do: The interplay of descriptive and injunctive group norms in the attitude-behaviour relationship [J]. *British Journal of Social Psychology*, 2008, 47: 647-666.

[115] Stem, P. C., and Dietz, T. The value basis of environmental concern [J]. *Journal of social issues*, 1994, 50 (3): 65-84.

[116] Stem, P. C. New environmental theories: toward a coherent theory of environmentally significant behavior [J]. *Journal of social issues*, 2002, 56 (3): 407-424.

[117] Sparks, P., and Shepherd, R. Self-identity and the theory of planned behavior: Assessing the role of identification with "green consumerism." [J] *Social Psychology Quarterly*, 1992, 55: 388-399.

[118] Satompka, P. Trust: A sociolagical theory [M]. *Cambridge University Press*, 2000.

[119] Taylor, S., and Todd, P. An integrated model of waste management behavior: A test of household recyeling and composting intentions [J]. *Environment and Behatior*, 1995, 27: 603-630.

[120] Thagersen, J., and Ölander, F. Human values and the emergence of a sustainable consumption pattern: A panel study [J]. *Journal of Economic Psychology*, 2002, 23 (5): 605-630.

[121] Thegersen, J. A cognitive dissonance interpretation of consistencies and inconsistencies in environmentally responsible behavior [J]. *Journal of Entironmental Psychology*, 2004, 24 (1): 93-103.

[122] Tilikidou, I., and Delistavrou, A. Types and influenial factors of consumers' non-purchasing ecological behaviors [J]. *Business Strategy and the Encironment*, 2008, 17 (1): 61-76.

[123] Triandis, H. C. The psychological measurement of cultural syndromes [J]. *American Psychologist*, 1996, 51 (4): 407.

[124] Van Lange, P. A., Liebrand, W. B., Messick, D. M., and

Wilke, H. A. Social dilemmas: The state of the art [J]. *Social dilemmas: Theoretical issues and research findings*, 1992, 3-28.

[125] Van Dijk, E., De Cremer, D., and Handgraaf, M. J. J. Social value orientations and the strategic use of fairness in ultimatum bargaining [J]. *Journal of Experimental Social Psychology*, 2004, 40 (6): 697-707.

[126] Van Lange, P. A. M. The pursuit of joint outcomes and equality in outcomes: An integrative model of social value orientation [J]. *Journal of Personality and Social Psychology*, 1999, 77 (2): 337-349.

[127] Vermeir, L, and Verbeke, W. Sustainable food consumption among young adults in Belgium: Theory of planned behaviour and the role of confidence and values [J]. *Ecological Economics*, 2008, 64 (3): 542-553.

[128] Webster Jr, F. E. Determining the characteristies of the socially conscious consumer [J]. *Journal of consumer research*, 1975, 188-196.

[129] Weehsler, H., Nelson, T. F., Lee, J. E., Seibring, M., Lewis, C., and Keeling, R. P. Perception and reality: A national evaluation of social norms marketing interventions to reduce college students' heavy alcohol use [J]. *Journal of Studies on Alcohol and Drugs*, 2003, 64 (4): 484.

[130] Wiener, J. L., and Doescher, T. A. A framework for promoting cooperation [J]. *The Journal of Marketing*, 1991, 38-47.

[131] Yamagishi, T. Exit from the group as an individualistic solution to the free rider problem in the United States and Japan [J]. *Journal of Experimental Social Psychology*, 1988, 24 (6), 530-542.

[132] Yamagishi, T., Kanazawa, S., Mashima, R., and Terai, S. Separating trust from cooperation in a dynamic relationship: Prisoner's dilemma with variable dependence [J]. *Rationality and Society*, 2005, 17 (3): 275-308.

[133] Yamagishi, T. Trust as a form of social intelligence. New York: Russell Sage, 2001.